臺灣歷史與文化 研究輯刊

二十編

第 2 冊

日據台灣時期鴉片問題研究（下）

李理、趙國輝 著

花木蘭文化事業有限公司

國家圖書館出版品預行編目資料

日據台灣時期鴉片問題研究（下）／李理、趙國輝 著 -- 初版
-- 新北市：花木蘭文化事業有限公司，2021〔民110〕
目 4+176 面；19×26 公分
（臺灣歷史與文化研究輯刊二十編；第 2 冊）
ISBN 978-986-518-549-7（精裝）
1. 日據時期 2. 鴉片
733.08   110011279

ISBN-978-986-518-549-7

9 789865 185497

臺灣歷史與文化研究輯刊
二十編　第二冊　　　　　　　　ISBN：978-986-518-549-7

日據台灣時期鴉片問題研究（下）

作　　者　李理、趙國輝
總 編 輯　杜潔祥
副總編輯　楊嘉樂
編　　輯　許郁翎、張雅淋、潘玟靜　美術編輯　陳逸婷
出　　版　花木蘭文化事業有限公司
發 行 人　高小娟
聯絡地址　235　新北市中和區中安街七二號十三樓
　　　　　電話：02-2923-1455／傳真：02-2923-1452
網　　址　http://www.huamulan.tw 信箱 service@huamulans.com
印　　刷　普羅文化出版廣告事業
初　　版　2021 年 9 月
全書字數　283075 字
定　　價　二十編 14 冊（精裝）台幣 35,000 元

日據台灣時期鴉片問題研究（下）

李理、趙國輝　著

目

次

第九章　臺灣總督府與日本罌粟的栽培種植

　　1895 年日本佔領臺灣後實施所謂的鴉片「漸禁主義」，在臺灣禁止罌粟的栽培，所有的鴉片用原料全部來自於印度、土耳其等地，即所謂的「漸禁主義」。但因罌粟在財政收入中佔有較大的比重，故鴉片的需求量不但得不到減少，反而大幅增加。因此，臺灣總督府向日本內務省提出請求，希望在日本內地試種罌粟。大阪府三島郡福井村的農民二反長音藏，認為臺灣長期向國外購進鴉片，大量外匯白白損失，他向政府提議將鴉片原料生產國產化。二反長音藏的提議恰好與臺灣總督府的請求不謀而合，故明治政府接受了二反長音藏的建議，罌粟也因為二反長音藏的努力，重新在日本這塊土地上開出媚豔的花朵。臺灣總督府對生鴉片的巨大的需要，催生出日本內地罌粟種植的繁盛，而新式毒品的研製成功，又為日本內地罌粟的栽培提供了助力。

一、臺灣的鴉片制度與日本罌粟種植的復活

　　日本從何時開始有罌粟的種植，並沒有明確的記載。根據口傳是在足利義滿時代，由印度傳到奧州津輕地區，之後再經由攝州，傳到三島郡。故當時將罌粟叫作「津輕」。[註1] 根據口傳，在百年前，三島郡福井村的人，因大阪道修町藥種商知道鴉片加工的利益，開始從其他藥種商那裡拿回種子，進行罌粟的種植並生產出鴉片。

〔註1〕（日）田澤震五編，《阿片資料》，田澤化學工業研究所發行，昭和七年，第25頁。

如果這傳言屬實的話,那麼日本在江戶時代中期,就開始有罌粟的栽種及鴉片的生產。但主要鑒於中國鴉片戰爭的前例,日本政府嚴厲對鴉片進行管理。在安政五年德川家定與英國簽訂條約時,就將禁止鴉片的輸入,明確寫入了條約。特別在「哈里斯鴉片事件」後,日本政府更將藥用鴉片的生產完全控制在政府手裏。

1875 年日本政府頒布了《阿片專賣法》,禁止鴉片的自由販賣,生產的生鴉片完全由政府收購。當時政府根據收購的生鴉片中嗎啡的含量,來決定收購的生鴉片價格。當時制定的標準嗎啡含量低於 8%,即為不合格。以當時的技術水平,嗎啡的含有量要想超過 8%非常困難,即使好不容易有收穫,也因難於達到標準而得不到收入。故種植的農家逐漸減少,至明治二、三十年代,罌粟的種植已經基本絕跡。1892 年時生鴉片僅有「8 貫目」,1893 年時為「19 貫目」。從 1897 年至 1899 年三年期間,也僅有「3 貫目」,即 11.25 公斤。〔註2〕

這「3 貫目」的鴉片生產者,即為以二反長音藏為首的大阪府三島郡福井村的農民。他們之所以還堅持種植罌粟,其原因在《戰爭與日本鴉片史》中記錄為:「音二郎(即二反長音藏年青時名字)之所以栽培罌粟,是因在報紙上看到臺灣島民吸食鴉片的數額十分巨大,為防止國費流出海外影響國內經濟而種植罌粟。」〔註3〕筆者認為這種說法只能是其中的一個原因,因為二反長音藏僅是一個普通的農民,而決定性的因素是臺灣總督府大量生鴉片的需要。

臺灣實施所謂鴉片「漸禁」專賣制度,鴉片的生產及供給完全實施由總督府管理,同時絕對禁止罌粟的栽種。這樣,臺灣總督府必須每年進口相當數量的生鴉片。而總督府對鴉片煙膏價格的制定有絕對的權力,而吸食者卻因為如果不能及時吸食鴉片,就會出現身體上的痛苦,故不論什麼樣的價格,都必須購買吸食。總督府借用這樣的「漸禁」政策,取得了巨大的經濟利益,特別是殖民統治的初期,鴉片的收入成為總督府財政的支柱。

臺灣總督府所需要生鴉片的價格並不是一成不變的,下表為臺灣各年度

〔註2〕 (日)倉橋正直,《日本の阿片戰略——隱された國家犯罪》,共榮書房,2005年,第 49 頁。

〔註3〕 (日)《戰爭と日本阿片史——阿片王二反長音藏の生涯》,みすず書房,1977年,第 50 頁。

鴉片輸入量表：

年度	數量（公斤）	價格（日元）	ベナレス鴉片	ペトナ鴉片	ペルシア鴉片	土耳其鴉片	四川鴉片	朝鮮鴉片	雜種土
1898	149.200	1.709.494	----	----	98	----	2		----
1899	234.554	2.956.942	----	----	98	----	2		----
1900	198.246	2.962.639	9	4	82	----	----		5
1901	146.110	1.908.729	15	4	81	----	----		
1902	131.503	1.332.166	23	14	63	----	----		
1903	133.493	1.944.096	32	20	48	----	----		
1904	121.896	1.925.313	48	----	52	----	----		
1905	187.792	2.693.895	49	----	21	22	8		
1906	219.197	2.815.212	46	----	16	26	12		
1907	193.365	2.667.241	44	9	47	10			
1908	157.907	2.269.119	46	----	54	----			
1909	142.153	2.565.721	6	28	64	2			
1910	138.428	3.041.004	10	12	27	51			
1911	84.490	2.300.246	37	----	56	7			
1912	136.597	3.305.964	42	11	43	4			
1913	131.433	3.118.943	25	20	44	11			
1914	111.913	2.082.508	53	1	39	7			
1915	107.552	2.129.193	58	2	38	2			
1916	126.702	3.845.037	39	8	53	----			
1917	119.515	4.712.509	57		43				
1918	99.466	4.680.719	79		21	----			
1919	135.426	6.875.117			----	----			
1920	126.832	4.453.674			----	----			
1921	21.985	616.047			----	----			
1922	72.530	1.366.059			----	----			
1923	57.841	1.875.651			----	----			
1924	58.403	2.058.150			----	----			
1925	62.047	2.467.446			----	----			
1926	--	--			----	----			
1927	--	--			----	----			
1928	--	--			----	----			

1929	--	--		----	----		
1930	--	--		----	----		
1931	--	--		----	----		
1932	20.941	651.069		82	9	9	
1933	16.175	505.530		80	----	20	
1934	7.258	238.850		100	----	----	
1935	3.276	86.492		45	55	----	
1936	3.641	100.127		100		----	
1937	--	--				----	
1938	--	--				----	
1939	12.621	555.492		20		80	
1940	7.315	536.610				100	
1941	11.437	975.567				100	

*此表轉引自倉橋正直《日本の阿片戰略——隱された國家犯罪》第 55 頁。

從上表來看，在漸禁制度實施的最初十幾年內，臺灣總督府向外購買鴉片的資金，每年都有增加的趨勢。故臺灣總督府對鴉片的需要的增加，才是日本栽種罌粟的根本原因。

臺灣實施鴉片專賣制度後，生產鴉片煙膏的生鴉片的需求量大增，而臺灣是絕對禁止罌粟的栽培種植，而且臺灣的氣候也不適合罌粟的生產，故臺灣總督府將再次試種的希望放在了日本內地，如前所述，日本內地曾經有過成功種植罌粟的歷史。

至於二反長音藏在何時向政府提出的請求，筆者沒有找到確切的原始檔案。從目前可查證的資料來看，但根據 1905 年 6 月總督府民政長官後藤新平向內務大臣山縣伊三郎提出照會中所言之「以援助本島吸食者鴉片煙膏原料為目的試種，於 1901 年開始在本島開設了罌粟試種場」〔註4〕之語，推測可能在「漸禁制度」實施後不久，總督府就開始謀求在日本內地種植罌粟。而二反長音藏一直都在進行著罌粟的栽種，其與總督府有何關係，筆者沒有深入研究，但至少可以推測其本人關於罌粟的種植提議，恰好迎合了臺灣總督府的需要，故其試驗栽培種植罌粟的提案，才能被日本內務省認可，這也可從另外的視角證明，日本內地罌粟的再復活，是由殖民地臺灣所謂「漸禁」

〔註4〕 （日）《日本內地にぉける罌粟栽培》，《現代史資料》，みすず書房，1986 年，第 3 頁。

鴉片制度所引發。

　　1905 年 6 月，後藤新平向內務大臣山縣伊三郎發出照會：「以援助本島吸食者鴉片煙膏原料為目的試種，於 1901 年開始在本島開設了罌粟試種場，根據 1904 年實施的第四次試種成績，本島地質大以黏土為主，土質不甚豐沃，比內地相比，需要更大的肥料，且四時氣溫皆高，年年皆有害蟲風雨之災，故認為本島不適合罌粟的栽種。故於本年度起，在日本內地設立試種基地，其生產的鴉片用於試生產煙膏的製造，根據其成績，明年計劃獎勵罌粟栽培，使其成為臺灣總督府的使用原料。」〔註5〕

　　在總督府的請求下，日本政府於 1905 年，在作為「在來米」栽培地的大阪府下三島郡，開設了罌粟的種植試驗基地。內務省同年 8 月 16 日給予臺灣總督府回覆，試種基地除了原先大阪府三島郡福井村之外，另加上三個村子的土地二十町步，還有京都府葛野郡桂村約五町步，同年 10 月開始試種罌粟。次年 1906 年，亦經內務省的同意，繼續試種。

　　由於日本的罌粟是採用冬季播種，與稻米種植相間的形式，其使用的種子為印度種、中國種及日本內地種，其中使用最多的是印度種。通過兩年的試栽種，採用的是罌粟與水稻間種，此兩年度由於水稻收穫的推遲，所以罌粟的栽種也隨之推遲，另外由於 1905 年少有的寒冷及病蟲害，其收穫量並不高，其具體收成如下表：

品　目	1905 年		1906 年	
	數　量	價　格	數　量	價　格
鴉片	409.6 斤	3891.2 日元	402.4 斤	3541.12 日元
種子	59 斤	1099.17 日元	47 斤	1259.6 日元
總計	----	4990.37 日元	----	4800.72 日元

　　從上表來看，日本雖計劃在日本本土種植罌粟，但其成果並不盡人意，鑒於與當時波斯產鴉片的價格一斤只有 7.45 日元相比不具優勢，故將大面積種植的計劃暫時放置。因此臺灣總督府儘管希望日本內地能夠種植罌粟，以提供給總督府製藥所作為生產煙膏的原料，但由於其結果並不理想，最終只好作罷。

〔註5〕　（日）《日本內地にぉける罌粟栽培》，《現代史資料》，みすず書房，1986 年，
　　　　第 3 頁。

　　從上述資料來看，日本內地罌粟栽培種植的再復活，根本原因在於新殖民地臺灣對生鴉片巨大的需求量。如果沒有臺灣總督府民政長官後藤新平親自向外務省請求，就沒有日本罌粟的復活，故臺灣總督府鴉片專賣制度，是日本罌粟再種植的根本原因。

　　雖然1905、1906年罌粟的種植，並沒有取得總督府及日本內務省的理想成績，但二反長音藏本人並沒有停止其對罌粟的培育試驗活動，在獲得內務省的支持後，開始領導村裏的農民進行罌粟的種植，其所居住的大阪府三島郡福井村，也就成為日本罌粟栽培的「聖地」。在這裡，每年都會舉辦由日本內務省召集、二反長音藏擔當講師的罌粟栽培講習會。

　　二反長音藏還對日本的罌粟品種進行了改良，罌粟品種的優良與否，主要取決於其中嗎啡的含量。根據二反長音藏在《罌粟栽培及阿片製造法》中的記載，歷史上日本罌粟最優秀的品種，是1883年內務省衛生局藥草試植園栽培的罌粟，其嗎啡含量為9.24%。

　　在二反長音藏的努力下，罌粟的嗎啡含有量不斷增加，下表為1908年至1914年日本所種植罌粟的嗎啡含量統計表：

年　度	最　低	最　高	平　均
1908	10.21%	17.18%	13.07%
1909	5.29%	19.56%	12.37%
1910	5.00%	20.32%	14.00%
1911	5.36%	21.17%	15.16%
1912	5.59%	20.55%	13.69%
1913	7.45%	22.26%	16.78%
1914	8.89%	24.20%	17.51%

*此表轉引自倉橋正直《日本の阿片戰略──隱された國家犯罪》第55頁。

　　從上表分析來看，在二反長音藏的努力下，1908年時，日本內地罌粟嗎啡的平均含量為13.07%，到1914年時，平均已經高達17.51%，而最高竟達到了24.20%。二反長音藏將明治時期只有9.24%嗎啡含量的品種，改良培育成高達百分之二十以上含量的優秀品種，也顯示其對日本近代鴉片事業的重要作用。所以此罌粟品種的命名，採用其家鄉名稱，為「三島種」、「福井種」。此後他又培育出更優秀的品種，即「一段」可以產「一貫匁（3.75公斤）」生鴉片，並將其作為日本罌粟的標準種子。

　　正是由於二反長音藏的努力，再加上後期新式毒品嗎啡的研製成功後對生鴉片的需求增加，使罌粟栽培在幾年之後，再次在日本大地上大面積種植，二反長音藏也因自己對罌粟培育的功績，而被封為「鴉片王」。

二、臺灣總督府再啟日本內地罌粟的種植

　　前述臺灣總督府要求日本內地種植罌粟，以謀求生鴉片的國產化，減少對外生鴉片的購買，其理想雖未能實現，但客觀上促進了日本內地對罌粟栽培種植的再研究。此後隨著第一次世界大戰及日本國內新式毒品的研製成功，罌粟第二次在日本土地上繁榮。

　　嗎啡作為純粹的化學藥品，能很快被人體吸收，如果作為醫療上的麻醉劑使用，效果非常好，但如果作為毒品來使用，其危害也極大。「單純地吸食鴉片，還可禁止或治療，但是使用嗎啡、海洛因或其他新式毒品，幾乎沒有治療的可能。」〔註6〕而且比起吸食鴉片的中毒，嗎啡中毒者的身體衰退速度極快，一般幾年內就會死亡，但因其價格低廉，使用方法簡單，在當時的中國非常流行。〔註7〕

　　另一方面，第一次世界大戰（1914～1918）中，嗎啡成為戰時的必需品，各國竟相生產，故推高了其原料生鴉片的價格。而在1915年時，日本國內星製藥以臺灣總督府製藥所生產的粗製嗎啡為原料，成功生產出嗎啡，總督府的粗製嗎啡在這一年以後，也成為星製藥的獨佔品。

　　星製藥因嗎啡的生產與銷售快速發展起來，成為日本最大的製藥公司。但其他製藥公司也一再向日本內務省要求生產嗎啡，因此在1917年時，內務省又允許其他三個製藥公司生產嗎啡類新式毒品。這樣日本內地及各殖民地對嗎啡原料生鴉片的需要量大幅增多，日本內地罌粟的種植也再次登場。

　　1905年前後之所以沒有再進行罌粟的大面積種植，其主要原因為當時世界市場上的生鴉片價格低廉，種植罌粟的經濟收益遠不及種植水稻。但隨著世界新式麻醉品的研製成功，生鴉片的價格也越來越高，1913年時的市場價格是一斤13日元上下。這樣種植水稻就不如種植罌粟划算，臺灣總督府再次向日本內務省提出罌粟種植的請求。

〔註6〕　（日）倉橋正直，《日本の阿片戰略——隱された國家犯罪》，共榮書房，2005年，第118頁。

〔註7〕　（日）倉橋正直，《日本の阿片戰略——隱された國家犯罪》，共榮書房，2005年，第118頁。

　　1913 年 10 月 23 日，臺灣總督府民政長官向內務次官發出如下照會：
「以前以為本島吸食者提供鴉片原料煙膏原料為目的 1905 年至 1907 年在
大阪府及京都府野郡內罌粟的試種植，其成績是值得肯定的。當時外國鴉
片的購入價格低廉，相比之下，還是水稻的種植能獲得更多的利益，因此終
止了其栽種。近年來，鴉片的價格逐年高騰，今日內地生產成品的價格依然
低廉，這樣就難於取得更好的效益，另外，還要防止正品的流出。因此此次
依賴大阪市東區今橋三丁目二十五番地的中村健次郎，在大阪府下豐能郡
細河村內的二町步的土地上試栽培罌粟，其產品以適當的價格作為補償，
試作於製造煙膏，並根據其成績，在次年試種更大面積的罌粟，以供當府使
用，這樣鴉片原料即可由內地供給。」〔註 8〕

　　10 月，日本內務省下令，有過罌粟栽培經驗，且有相當財力的大阪市東
區今橋三丁目二十五番地的中村健次郎進行種植。其種植基地為大阪府豐能
郡細河村地內約二町步。此年生產的鴉片，政府以適當的價格購入，以用以
製造煙膏。

　　內務省地方局也於同年 11 月 15 日，對總督府的委託罌粟栽培的請求進
行答覆，並於 17 日向中村健次郎發出了罌粟栽培的委託命令書：

第一條　在罌粟栽培上接受政府的一切指揮監督；

第二條　罌粟的栽培面積必須保持二町步以上；

第三條　受命者在鴉片製造需要之時直接將其產品提供給政府；

第四條　罌粟栽培所需要的一切費用在收購鴉片時以補償的價格給予；

第五條　收購鴉片的價格由政府根據土耳其鴉片的時價來決定；

第六條　受命者每月一次將播種、施肥、除草、蟲害等各種栽培事項進
　　　　行報告。〔註 9〕

　　當年，罌粟的播種期向後延遲。由於天氣變化無常，寒流激增，特別是
在四月份時稀有的霜降等災難的發生，使當年的罌粟成績並不理想，僅僅產
出了 4.84 斤的生鴉片。日本衛生局對這幾斤生鴉片進行了分析試驗，結果為
品質優良，與上等的土耳其鴉片相比併不遜色。於是日本政府決定，在風調

〔註 8〕　（日）《日本內地にぉける罌粟栽培》,《現代史資料》,みすず書房,1986 年,
　　　　第 3 頁。

〔註 9〕　（日）《日本內地にぉける罌粟栽培》,《現代史資料》,みすず書房,1986 年,
　　　　第 3 頁。

雨順的年頭再進行栽種。

從上述資料內容來看,日本內地罌粟第二次復活,是由臺灣總督府提議而肇始的,原因是臺灣專賣局需要大量的生鴉片作為生產煙膏的原料。

1914年,日本又在氣候比較溫和的細河村附近,及以前有栽種罌粟經驗的大阪府三島郡三牧、溝咋及宮島三個村,選擇了六町步的土地,與1913年一樣,委託命令進行罌粟的栽培種植。是年取得了非常好的成績,「一段步」取得了1.75斤的好收成,而且其生鴉片的品質也非常良好。當時土耳其鴉片一斤12.98日元,政府以這個價格,共收購89斤生鴉片。

1915年,日本政府擴大了罌粟栽種地規模,除了以前各命令種植地外,又在各相近地區劃出三十一町步,河內郡三個村子內約七「段步」的土地,進行罌粟的種植。

1915年罌粟栽培的狀況:

府縣別	耕作「反」別	耕作人數
大阪	978.419	993
岡山	827.211	1752
福岡	112.606	163
高知	87.811	3
愛媛	43.910	11
廣島	39.000	58
石川	20.001	24
千葉	13.300	14
三重	11.415	17
京都	10.320	13
靜岡	10.220	29
和歌山	7.525	141
奈良	7.300	6
長野	6.814	7
兵庫	3.417	5
愛知	3.312	4
滋賀	3.200	4
群馬	2.500	1

佐賀	2.309	4
茨城	1.702	2
長崎	1.000	1
埼玉	0.728	1
神奈川	0.700	2
香川	0.620	1
山口	0.200	1
總計	2296.129	3262

*此表轉引自倉橋正直，《日本の阿片戰略——隱された國家犯罪》第57頁。一「反」
等於「991.7平方米」。

　　從上表來看，當年日本投入大量的人力、物力及財力，但收穫並沒有預
想那樣好，僅收穫328斤生鴉片。﹝註10﹞政府以當時土耳其鴉片時價一斤13.61
日元的價格，將其全部收購。

　　1916年，日本政府又擴大了罌粟的栽種面積，除上述地區外，又對「大
阪府三島郡春日村大字下穗積三十三番地」的一名叫「森芳太郎」的人發出
栽培種植命令書，委託其將十五町步的土地用來種植罌粟。

　　由於當年天氣炎熱乾旱少雨，罌粟的收穫量減少三分之一，十五町步僅
收穫161.5斤，其品質比波斯產的鴉片質量更優，政府以每斤17.50日元將其
全部收購。此後，國際鴉片的價格更加高漲，1917年10月時，波斯產的鴉片
一斤高達42或43日元，而且極難購得。

　　日本內務省為保證日本國內對生鴉片的需求量，於當年10月同前一些
種植人進行商議，決定將罌粟的種植面積再擴大，1918年2月，決定將三
島郡春日村外二十四個村內的六十町步的土地全部委託用來種植罌粟。

　　是年日本又發生了水害，去年種植的三十町步的罌粟，只收穫了65斤，
政府以當時波斯產鴉片價格相應的一斤35.50日元，全部將其收購。

　　1919年，又委託在三島郡春日村附近的三十九町步進行罌粟的種植。加
上前述的種植面積，共計收穫716.5斤生鴉片，政府以當時波斯鴉片的價格相
應的每斤34.35日元全部收購。

　　1919年9月，日本決定再次擴大罌粟的種植面積，在春日村外二町十

﹝註10﹞（日）《日本內地にぉける罌粟栽培》，《現代史資料》，みすず書房，1986年，
　　　　第5頁。

個村的 55 町步都用來種植罌粟，其委託人為森芳太郎。次年，森芳太郎共計生產出生鴉片 430 斤。日本內務省以每斤 25.57 日元全部收購。

下表為日本內地各年度生產的生鴉片的成分表；

年　度	量（斤）	嗎啡分	可溶成分	含水量	灰　分
1913 年	4.8	13.08%	54.00%	14.31%	2.57%
1914 年	89	8.31%	54.34%	14.34%	3.08%
1915 年	328	6.42%	16.03%	16.03%	3.80%
1916 年	----	----	----	----	----
1917 年	161	9.46%	55.12%	11.35%	2.24%
1918 年	65	11.25%	52.01%	16.23%	2.32%
1919 年	716.5	7.15%	55.38%	12.42%	2.66%
1920 年	430	5.19%	54.04%	16.74%	2.53%

*此表轉引自《日本內地にぉける罌粟栽培》,《現代史資料》,みすず書房,1986 年,第 8 頁。

從上表來看，日本內地自 1913 年以後，每年都種植罌粟，但其成績並不顯著，特別是嗎啡的分成，與前述二反長音藏實驗種植的罌粟的嗎啡含量相比相差很多。另外，資料證明，這部分罌粟所產出的生鴉片，也沒有供給臺灣總督府作為其生產鴉片煙膏的原料。

臺灣總督府曾向日本內務省提出「內地產的生鴉片作為臺灣總督府專賣局生產鴉片煙膏的原料」的質問書，但日本內務省以日本內地罌粟產生鴉片的口味沒有辦法與土耳其及波斯產鴉片相提並論為由，給予拒絕。〔註11〕

筆者以為，日本內地生產的生鴉片，不作為臺灣總督府煙膏的生產原料，品味當然是其中的一個原因，但最重要的原因，是當時日本市場對生鴉片巨大的需求量，和國際價格的高漲及由於國際條約的關係，很難購買到原料鴉片的原因。而日本只有將其在國內種植的罌粟所生產出來的生鴉片，全部都用於嗎啡的製作與生產。故筆者以為日本第二次罌粟種植的罌粟，雖起因於臺灣總督府專賣局對生鴉片的需要，但由於形勢的轉變，其產出的生鴉片，尚不能滿足自己提取嗎啡以製造海洛因類新式毒品的需要，故根本不可能再

〔註11〕 （日）《議會說明資料（阿片關係）總務長官へ回答》,臺灣文獻館,典藏號：00100821017，收集於中央研究院臺灣史研究所資料室。

將其提供給臺灣總督府專賣局。

三、臺灣總督府及後期日本內地罌粟的種植

1. 臺灣總督府罌粟的栽培與種植

日本在國內及其殖民地種植罌粟，主要是為提取嗎啡以製造海洛因類新式毒品。特別是在日本內地種植的罌粟所生產的生鴉片，全部用於嗎啡的製作與生產。故臺灣總督府雖多次向日本內務省提出的將日本內地種植罌粟所產出的罌粟，用於臺灣總督府專賣局鴉片煙膏的生產，但始終也沒有實現。

另一方面，第一次世界大戰（1914～1918）中，嗎啡成為戰時的必需品，各國也竟相生產，國際生鴉片價格也大漲，特別是在國際鴉片條約的制約下，由東印度公司所壟斷的印度產的生鴉片，非常難於購買。而嗎啡、海洛因等新式毒品的國有化，及日本對廣大殖民地新式毒品的密輸入等，使日本國內及臺灣等地對生鴉片的需求量大增，前述臺灣總督府民政長官雖親言臺灣不適合罌粟的栽種，但在此情況下，也無奈地開始了罌粟種植。

關於臺灣種植罌粟的相關資料，留存下來的並不多，筆者僅收集到《大正八年度罌粟栽培命令三井合名會社》、《罌粟栽培相關代理的變更通知》、《罌粟試作日誌》、《全年度罌粟試作成績三井合名會社》、《全年度試作地採摘罌粟種子由三井全名會社送付》等原始檔案，以下利用這些檔案，對臺灣的罌粟種植進行簡單分析。

日本內務省於 1919 年 10 月 1 日，向東京市日本橋區駿河町一番地的三井合名會社法人代表三井八郎右衛發出命令，請其「依據前年度同一理由」〔註12〕進行罌粟的栽培，並遵守下記規則：

第一條　受命者要特別遵守鴉片相關諸法令，選擇相應土地進行罌粟的栽培種植，並接受政府其他管理上相關一切指揮與監督；

第二條　罌粟栽培所需一切費用全部由受命者承擔；

第三條　鴉片及罌粟殼由政府來採摘，前項必要的一切措施由政府制定；

第四條　政府按採摘鴉片的標準給予受命者一定的補償金；

第五條　受命者每月一次將播種、施肥、除草、蟲害等各種栽培事項進行報告；

〔註12〕（日）《大正八年度罌粟栽培命令三井合名會社》，臺灣文獻館，典藏號：00102340001，收集於中央研究院臺灣史研究所資料室。

第六條　政府認為必要時隨時可變更此命令，也可隨時再發命令。

〔註13〕

從上述內容分析，總督府栽種罌粟可能起始於 1918 年。而日本政府將罌粟的種植委託給三井合名會社，可能有各種考慮。三井在接受委託後，很快向專賣局長提出申請將臺灣「南投廳草鞋墩支廳草鞋墩街附近的十甲土地作為罌粟的試作栽培地。」〔註14〕該份請求書的日期也是在「10 月 1 日」，這與內務省向三井合名會社發出命令的日期相同，故筆者認為，事先內務省已經與三井商量妥當，所謂的申請受命只是在走過場而已。而收集到的一份資料也佐證了筆者的推論是正確的。

該份資料記載，1919 年 6 月時，開始著手在草鞋墩附近水田約十甲作為罌粟試種地調查，在 6 月 12 日，將本年度罌粟栽培計劃，由臺灣出張所向專賣局進行了報告；10 月時購入肥料，著手進行基肥的調製。〔註15〕

1919 年試種植的罌粟是 7.3237 甲（1 甲＝10 分＝2，934 坪），其中 3.5475 是上一年度試種地，其他 3.7762 甲是在這片土地東北方的水田中，進行實驗的種植地。總督府將其分為五個區域，第一區域為 1.5405 甲，第二區域為 1.7000 甲，第三區域為 0.3460 甲，第四區域為 1.1885 甲，第五區域為 2.3237 甲。〔註16〕

從上述資料內容分析來看，第一次世界大戰以後，由於日本內地市場及殖民地市場對生鴉片的需要，不僅在日本內地，臺灣總督府也開始試種植罌粟。

2. 二十年代後期日本內地罌粟的種植

由於一戰時日本曾遭受生鴉片原料的緊缺，故日本政府以內地自給自足為目標的罌粟種植政策，使罌粟在日本大地各處基本都有栽培種植。特別是「鴉片王」二反長音藏培育出來新的罌粟種「一貫種」，使日本的罌粟種植業

〔註13〕（日）《大正八年度罌粟栽培命令三井合名會社》，臺灣文獻館，典藏號：00102340001，收集於中央研究院臺灣史研究所資料室。

〔註14〕（日）《大正八年度罌粟栽培命令三井合名會社》，臺灣文獻館，典藏號：00102340001，收集於中央研究院臺灣史研究所資料室。

〔註15〕（日）《大正八年度罌粟栽培命令三井合名會社》，臺灣文獻館，典藏號：00102340001，收集於中央研究院臺灣史研究所資料室。

〔註16〕（日）《罌粟試作成績報告書》，臺灣文獻館，典藏號：00102340001，收集於中央研究院臺灣史研究所資料室。

獲得了長足的進步。

筆者在《現代史資料》所收錄的《大東亞特殊資料——鴉片》一文中收錄的 1928 年日本罌粟種植的情況表中，可推知日本在 1920 年以後以大阪府及和歌山為中心，又向各地擴展了罌粟的栽培種植。下表為 1928 年日本內地罌粟及由罌粟所產的生鴉片的狀況表；

府縣別	罌粟栽培面積（町）	收穫生鴉片量（貫）	收購價額（日元）
和歌山	704.2	2158.8	584507
大阪	376.3	1189.5	296417
香川	9.8	18.9	4679
京都	5.9	18.3	4269
奈良	5.8	18.6	3421
北海道	3.4	3	696
兵庫	2.9	5.8	1421
佐賀	2.2	2.1	597
靜岡	0.9	2.6	662
其他	2.6	2.1	551
合計	1111.8	2419.7	897220

*此表轉引自《大東東亞特殊資料——鴉片》，《現代史資料》，みすず書房，1986 年，第 13 頁。

從上表內容來看，從二十年代以後，罌粟的栽培種植，最初是以「鴉片王」故鄉的大阪府成為種植區，其後向和歌山縣擴大。根據資料記載，最後和歌山縣罌粟的種植面積超過大阪府，在 1928 年前後，第一位是和歌山，第二位的才是大阪府，這二個地區占日本整個罌粟栽培面積的 98%。而 1928 年日本內地罌粟栽培面積超過 1000 町步，鴉片產額高達 90 萬日元。〔註 17〕

下表為大阪府各年罌粟的栽種及產額表：

年份	總栽種面積（反）	三島郡栽種面積（反）	總收穫高（kg）	總價格（日元）	罌粟種子（kl）
1926	200.5	199	1,776	106,794	----
1927	242.2	240.4	2,348	136,751	----

〔註17〕（日）《大東亞特殊資料——鴉片》，《現代史資料》，みすず書房，1986 年，第 17 頁。

1928	372.1	367.5	4,305	272,089	93.1
1929	464.9	453.2	4,633	292,989	86.8
1930	277.1	274.4	3,412	203,898	84.1
1931	274.8	272.3	4,148	176,310	87.3
1932	279.7	276.6	3,377	144,179	107.5
1933	284.4	279	3,557	108,151	102.5
1934	297.7	292.5	3,693	110,848	86.9
1935	332.7	319.2	3,907	125,789	114.5
1936	340.2	319	4,652	127,630	117
1937	346.4	340.4	5,602	168,456	121.4
1938	301.6	294.1	4,609	144,691	109.5
1939	294.8	285.8	6,854	193,361	----
1940	301.6	292.1	6,448	243,629	120.5

*此表轉引自倉橋正直《日本の阿片戰略──隱された國家犯罪》第64頁。

　　從上表來看，大阪府的罌粟栽培種植面積，在1926年以後逐年增加，特別是中日戰爭全面爆發前後，罌粟的種植面積更是擴大。

　　下表為1928年至1938年各年罌粟栽種及生鴉片生產的情況表：

年度	罌粟栽培面積（反）				生鴉片生產量（kg）				鴉片補貼（日元）			
	日本內地			朝鮮	日本內地			朝鮮	日本內地			朝鮮
	總數	和歌山	大阪		總數	和歌山	大阪		總數	和歌山	大阪	
1928	1,105	698	373	----	12,820	7,092	4,461	----	89.7	58.5	29.6	----
1929	----	----	465	747	----	----	----	1,501	----	55.5	----	4.1
1930	850	----	277	735	9,182	----	----	1,400	----	37.8	----	3.6
1931	831	531	274	1,052	12,137	----	----	5,654	----	36.1	----	16.6
1932	830	531	280	1,068	8.601	----	----	7,634	----	25.6	----	23.5
1933	1,035	526	285	2,240	10,641	6,791	3,495	14,059	32.4	21.6	9.7	40.1
1934	868	522	298	2,177	15,823	11,569	3,855	11,339	47.8	35.5	11.3	34.3
1935	----	1,020	333	----	18,618	13,860	4,229	18,348	58.3	43.5	13.3	56.6
1936	----	1,032	340	----	12,102	----	----	27,305	----	44.3	12.8	79.7
1937	----	1,520	346	----	----	12,102	----	28,848	----	51	16.8	79.3
1938	----	----	301	----	----	14,839	----	27,712	----	----	14.5	78.2

*此表轉引自倉橋正直《日本の阿片戰略──隱された國家犯罪》第79頁。

　　從這張表的內容，日本在和歌山地區的罌粟的種植面積，遠遠大於大阪

地區，特別在中日戰爭全面爆發之前後，和歌山的罌粟種植面積，等於大阪府的幾倍。另外，上表中 1929 年罌粟的種植面積大大減少，只有大阪府有罌粟的種植。這是因為，日本因當年小麥的價格很高，故日本政府在當年限制了罌粟的種植。〔註 18〕但此後，日本馬上又放開罌粟的種植。最盛期是 1937 年，全國約有 12000 戶的農家進行罌粟的種植栽培。〔註 19〕

和歌山地區從 1915 年開始試種罌粟，之所以超過大阪地區成為罌粟新的繁榮區，最主要原因是氣候及土質條件適合罌粟的栽培種植。1921 年，由於罌粟種植的補償金大幅提高，故栽種面積快速擴大。到 1929 年時，罌粟的種植面積達 1000 町步。〔註 20〕

中日戰爭爆發後，日本進入戰時體制，嗎啡及其他藥品的需要量一時間大增，故原料鴉片即生鴉片成為日本特別關心的問題。然而戰時鴉片輸入渠道也基本堵塞，而嗎啡類又沒有代用品，因此日本當時對生鴉片採取限制民需、輸入渠道的轉移及國內增產的方法。上表內容也為這一說法提供了間接的證明。在 1937 年時，僅和歌山地區，罌粟的種植面積就高達 1520 町步。

小　結

綜上所述，日本國內罌粟的復活，是源自於臺灣總督府製藥所對生產吸食性鴉片煙膏的需要開始的。而一戰後，日本迅速取代英國，成為中國最大的麻醉品出口國，不管這種輸出是採取秘密還是公開方式，其對生鴉片的需求必然大增，故客觀上促進了日本國內罌粟的再繁榮，就連不適合罌粟種植的臺灣也進行了罌粟的種植試驗。而日本及殖民地罌粟的栽培種植，基本是以國家補貼鼓勵種植的，故可從另外的視角，證明了日本近代以國家實體進行製毒販毒的歷史事實。

〔註 18〕　（日）《大東亞特殊資料——鴉片》，《現代史資料》，みすず書房，1986 年，第 17 頁。
〔註 19〕　（日）倉橋正直，《日本阿片帝國》，共榮書房，2008 年，第 12 頁。
〔註 20〕　（日）倉橋正直，《日本の阿片戰略——隱された國家犯罪》，第 82 頁。

第十章　臺灣總督府的毒品製造與販賣

　　近代日本及殖民地的鴉片政策，始於其在第一塊殖民地臺灣所實施的所謂「漸禁」鴉片專賣制度。日本在此後的殖民侵略擴張過程中，借助所謂的「臺灣鴉片經驗」，將鴉片及嗎啡等毒品，作為侵略東亞各國的隱形武器。當時日本是世界主要麻藥生產國，鴉片、嗎啡及海洛因等毒品，大量、長時間地走私到中國、朝鮮等東亞諸國。日本的行為可以說是近代規模最大、時間最長、地域最廣的「國家販毒」，特別是一系列侵略戰爭中，鴉片政策所起的作用是眾所周知的。日本在戰時曾製造大量海洛因及嗎啡，運往中國，毒害中國人民。1921 年 12 月 19 日英國報紙《ノース、チヤイナ、デーリー、ニユース》發表社論，譴責日本向中國輸出毒品。嗎啡貿易，是日本對中國貿易中最早的一部分，也是是日本對中國貿易中最有效的一部分，每年達數千万元。因日本沒有加入對中國禁止輸入協約，故嗎啡的輸出是在日本政府認可及獎勵下進行的。像這種大宗禁製品貿易的經營，世界上也只有日本。其輸入中國的手段，主要依靠小包郵件，在中國的各日本郵局，均為其配送機關。其嗎啡的輸入量，至少也有十八噸，隨著日本人的增加，從大連到滿洲里，由青島為代表的山東、安徽、江蘇等，由臺灣與鴉片一同，散佈到福建、廣東等地，他們依仗治外法權的保護，在山東鐵道沿線，以及在中國南方，臺灣籍民也依仗持有日本的護照，進行嗎啡的販賣。在整個中國，嗎啡的買賣是日本的賣藥商的主要利源，嗎啡與日本賣淫婦一起，散佈於全中國。嗎啡在歐洲已經難以買到，而日本在朝鮮、滿洲、臺灣等地不但保護

其生產，還成為嗎啡的供給源。日本或者在印度購買鴉片，或在臺灣生產製造嗎啡，或由神戶，或由青島轉運，獲得了莫大的利益。由青島輸入的鴉片，再在日本支配的鐵路，由山東轉運到上海及長江流域。〔註1〕日本國家販毒的行為雖露出檯面，但日本在退出國際聯盟之前，還是參加了所有的國際鴉片會議，簽訂了所有的鴉片國際條約，日本一方面參與所有的鴉片會議，一方面借助國際鴉片條約的盲點，而進行大規模的新式毒品的走私。日本為掩蓋違反國際鴉片條約，特別將自己的醜惡行為全部掩飾起來，在戰前甚至連一個鴉片政策相關研究成果都沒有，而且其生產毒品的資料也經常被銷毀。因此，對日本毒品的製造與販賣進行研究，變得極為重要。由於資料有限，筆者僅利用收集到的 1921 至 1923 年前後臺灣總督府發布的製造新式毒品資料，來探討臺灣總督府在當時日本整個國家販毒活動中的重要作用。

一、日本自設防火牆防止國人受新式毒品的危害

1. 日本國內相關法律的出臺

日本在臺灣實施鴉片漸禁政策後，擔心日本國內受到鴉片的危害，緊急在日本制定鴉片相關法律，即《鴉片法》，以防止鴉片流向民間。該法於1897年3月以法律第二十七號（大正八年第三十六號、大正八年第四十三號進行修正）發布，其內容如下：

第一條　鴉片製造者由地方長官許可。

第二條　地方長官指定的鴉片製造人在一定日期內將每年製造的鴉片交付給政府。

前項鴉片政府實施實驗中，按政府指定的莫兒比湟（嗎啡）含量，由政府給予賠償金，其不合格品，無償燒掉。

第三條　政府對鴉片限用於醫藥用品及製藥用品封緘後再出賣。

鴉片由政府專賣或交付給由政府指定的鴉片專賣所。

第三條之二　鴉片之輸出，如果由內務大臣許可除外。

第四條　依據第二條交付賠償金鴉片莫兒比涅（嗎啡）含量及賠償金額及依據第三條批發醫藥用鴉片的價格要通告內務大臣。

賠償金交付鴉片的莫兒比涅（嗎啡）含量增加或賠償額度

〔註1〕《阿片委員會第一卷》，JCAHR：B06150838000。

減少等事項，需要一年前上報。

第五條　醫藥用鴉片由地方長官在其管轄區域內，指定藥劑師、藥種商中相當的人員，為醫藥用鴉片的販賣人。

第六條　醫師、牙科、獸醫、藥劑師及製藥者需要醫藥用鴉片之時，另行規定的場合除外，要持有行政官廳的證明，向醫藥用鴉片販賣人來請求購入。

醫藥用鴉片販賣人販賣用之鴉片，用於販賣目的以外時，必須的行政官廳的許可。

第六條之二　地方長官認為必要這時，可受內務大臣的許可，醫師、牙科、獸醫、藥劑師及製藥者，得以出售醫藥用鴉片。

第七條　醫藥用鴉片，若依據第六條第一項或由命令另外規定之外，沒有醫師、牙科及獸醫之處方，不得賣售。

第七條之二　醫藥用鴉片販賣人依照第六條第一項接受請求時，無正當之理由，拒絕賣出醫藥用鴉片。

第七條之三　醫藥用鴉片販賣人，不能以超過政府指定的價格販賣醫藥用鴉片。

第八條　醫藥用鴉片販賣人不得開封、改裝破壞政府封緘的醫藥用鴉片的容器；醫藥用鴉片販賣人對政策封緘的醫藥用鴉片進行無效的封緘或改裝販賣其容器。

第八條之二　製藥用鴉片的賣出相關事項均以命令定之，除非有依據前項賣出鴉片之外的特別命令，不得出售。

第八條之三　官廳及官立醫院或學校需要鴉片時依據命令所定來進行交付。

第九條　違反第三條第二項及第三條之二者，判以二年以下懲役或千日元以上的罰金。鴉片輸入者的罰則也相同。

第十條　違背第三條之二所有或所持鴉片全部沒收。

第十要之二　違背第一條、第六條第二項、第七條、第七條第二、第七條第三、第八條及第八條第二項者，處以一下以下懲役或五百日元以下罰金。

第十一條　違反第二條第一項者處以三百日元以下罰金。

第十二條　刪除。

第十二條之二　對於藥品營業者、鴉片製造人未成年或禁止產者，
　　　　　　　本法或依據本法所發出的命令，適合用於其法律代理人，
　　　　　　　但已經開始營業的成年人或有一定能力的未成年者不在
　　　　　　　此限。

第十二條之三　藥品營業者或鴉片製造商其代理人的戶主、家族、
　　　　　　　同居者、傭人及其他從事者，在開展業務期間，不是出於
　　　　　　　自己的意願違反本法及依據本法所發出的命令時，可免於
　　　　　　　處罰。

第十二條之四　明治三十三年（1900 年）法律第五十二號不適合本
　　　　　　　法及依據本法所發出的犯罪。

第十三條　　鴉片製造商及醫藥用鴉片販賣商違反該法及其相關實
　　　　　　施的規則時，地方官可取消其許可或指定。

附　　則

第十四條　　此法律於明治三十年（1897 年）四月一日起開始實施。

第十五條　　此法律實施之日起現行之鴉片製造人許可者可認作為
　　　　　　第一條接受許可。

第十六條　　此法律實施之前地方廳不再放置鴉片。

第十七條　　明治十一年（1878 年）布告第二十一號藥用鴉片買賣及
　　　　　　製造規則在此法實施之日廢止。〔註 2〕

　　《鴉片法》主要就醫藥用鴉片的製造販賣等做出法的規定。同日，日本
政府還頒布了《鴉片法施行規則》〔註 3〕，就《鴉片法》的實施進行細緻的法
的規定。

　　　在 1915 年嗎啡等新式毒品研製出來之前，日本政府為配合國際鴉片條約
的要求，於 1914 年以內務省省令第十八號公布了「醫藥品輸出限制相關省
令」，將嗎啡、海洛因等新式毒品列入限制輸出的醫藥範圍之內。

　　　日本政府又於 1917 年 8 月 14 日以內務省省令的方式公布了《製藥用鴉
片專賣相關之件》，對嗎啡等新式毒品的專賣進行了具體的規定：

第一條　　以製藥用鴉片嗎啡、其他鴉片類鹽酸海洛因及其誘導體或
　　　　　製品的製造販賣為目的的株式會社只限於由內務大臣指

〔註 2〕《阿片委員會第一卷》，JCAHR：B06150838000。
〔註 3〕《阿片委員會第一卷》，JCAHR：B06150838000。

定才可進行。

第二條　前條指定的會社必須就下記事項向內務大臣進行申請：

一、定款；

二、製造所的位置；

三、鴉片原料製造品的種類、預定一年所製造的數量；

四、業務執行者及主任、技術者的氏名履歷；

前項各項事項變更時要取得內務大臣的認可。

第三條　接受製藥用鴉片專賣後會社要向東京衛生試驗所長申請將要製造的數量。前項專賣代價由東京衛生試驗所長規定。

第四條　會社要備有帳簿將製藥用鴉片的賣受、用途及製造品出售相關事項明記。此帳簿必須保存三年。

第五條　製藥用鴉片不得轉讓。

第六條　內務大臣可命令會社提供鴉片原料、製造品的製造販賣狀況的報告或命其官員對其進行檢查。

第七條　會社用作原料製造品的鴉片的製造販賣廢止或會社解體或由內務大臣指定取消資格時，其製藥用殘留的製藥用鴉片，要在十日內向東京衛生試驗所長提出回收申請。其回購的代價由東京試驗所長定奪。

第八條　會社違反鴉片法及本令之規定或不遵守內務大臣的指令，內務大臣可取消其指定。

附則　本令從公布之日起施行。〔註4〕

　　筆者還查到一份原始檔案，即是沒有注明日期的《嗎啡、可卡因及其鹽類取締相關之件》〔註5〕，此件共十七條，對新式毒品的輸出入進行非常細緻的規定，但沒有查到日本政府何時公布此件。

　　日本通過以上各法律的頒布，將鴉片及嗎啡類新式毒品完全控制在國家手裏，以防止其對公民的危害。

2. 臺灣總督府制定相關法律以附合國際鴉片協定

1912年國際海牙鴉片條約的規則，「各締約國應制定實施有效的法規則，

〔註4〕《阿片委員會第一卷》，JCAHR：B06150838000。
〔註5〕《阿片委員會第一卷》，JCAHR：B06150838000。

以限制或禁止生鴉片、鴉片煙膏、藥用鴉片、嗎啡、可卡因及鹽類或新的誘導體的生產、製造、國內貿易、使用及輸入輸出；與中國有條約關係的各國，必須與中國協力遏止到中國領土或其他東洋殖民地及租借地的秘密走私；中國的藥律也適用在中國的各簽約國民；在中國的各租借地及居留地，鴉片吸食及販賣相關限制或取締之相關規則，本條約亦認可；有相關禁止向中國輸出鴉片小郵包的管理義務。」〔註6〕

如前所述，日本政府在規範自己的新式鴉片毒品法規後，有義務配合海牙國際條約的相關規則，在殖民地、租借地等制定實施相關法規。但臺灣作為日本的殖民地，卻對此置若罔聞，一直將可卡因及其鹽類作為鴉片同效劑，以「阿片令」作為管理的法律。因國聯成立後每年都召開鴉片相關會議，因此，臺灣總督府迫於國際的壓力，同時也為掩人耳目，以需要加強管理為名，對「阿片令」之進行修改，1920 年 12 月，以府令第百八十四號，在《臺灣嗎啡、可卡因及其鹽類管理規則》中，加入可卡因及其鹽類的輸入、製造等項，其規則內容如下：

第一條之三可卡因及其鹽類輸入者，對下記各事項必須得到臺灣總督的許可。

一、品名及數量；

二、出品人的氏名和商號及業務所所在地；

三、輸入預定日期；

四、輸入港名。

前項許可受理後，前項之事項有所變更之時，必須有變更許可，但第三項預定日期如果發生變化，於三十日內的，不在此限。

第二條中將「臺灣總督」修改為「輸出許可，由臺灣、移出由知事或廳長」。

第二條中，知事及廳長依照前條規定的許可，將其品名、數量及移出者的職業、住所、氏名，上報給臺灣總督。

第三條第一條之三及依照第二條之規定，可卡因及其鹽類的輸入，嗎啡、可卡因及其鹽類的移入及輸出、移出許可者，其輸入、移入及輸出、移出之時，必須在當日，將其品名及數量向知事及廳長通報。

〔註6〕《阿片委員會第一卷》，JCAHR：B06150838000。

接到前項之通報時，其情況必須向臺灣總督提出報告。

第三條之二，可卡因及其鹽類製造者，要具備下記各項，即製造所所在地知事及廳長的許可，其變更亦同。

一、品名；

二、原料的種類；

三、一年間製造預定數量；

四、製造所所在地。

第三條之三，接受前記許可者，每年十二月末日止，其製造的可卡因及其鹽類的品名、數量及原料、種類、數量等，在接受許可的第二年二月末日止，向製造所所在地知事或廳長提出申請（報告）。

接受前項通報後，其情況必須報告給臺灣總督。

第四條中「嗎啡、可卡因及其鹽類」之前再加上「可卡因及其鹽類輸入」的字樣。

第六條第一條、第一條之三及第二條規定違反者，處以三個月以下懲役。

第六條之二第三條之二之規定違反者，處以百元以下罰金或者處以拘留。

第七條第三條第一項第三條之三第一項，如若違反第四條之規定者，依照第五條之規定，抗拒檢查者，或第二一條第二項或違反第十三條規定違反者，處以五十日元以下之罰金或處以科料。

第八條中的「移入」之前，加上「輸入」。〔註7〕

在輸出管理上，總督府實施了「輸入證明書制度」，但總督府又認為，本制度在實施過程中，其輸出入相關事項非常困難，是否採取向臺灣島輸入及由臺灣島輸出國之輸入證明書並不是最重要的，在輸入的場合都給予輸入證明書，輸出的場合，官員應嚴格審查其輸出目的，再交付輸出許可書。但從總督府藥品相關規則及使用習慣傳播的狀況來看，從來沒有法令嚴禁新式毒品的吸食及使用。〔註8〕

〔註7〕（日）《阿片委員會／阿片年報　第三卷》、《分割1》，JCAHR：B06150844400；B06150844600。

〔註8〕（日）《阿片委員會／阿片年報　第三卷》、《分割1》，JCAHR：B06150844400；

二、臺灣總督府毒品走私中的造假實證

由於顧及國際及各方面的壓力，日本及各殖民地對新式毒品的生產及販賣留下的記錄很少，甚至能夠查到的一些殘留資料，還有一些人為的造假成分。以下僅以臺灣方面的一些資料，進行一般分析性探討。

臺灣總督府絕對禁止嗎啡輸入到臺灣，但並不禁止製造及輸出。根據 1921 年 9 月 12 日所附總警第一九一號第十項報告，臺灣總督府專賣局在鴉片煙膏製造時，所產出的副產物粗製嗎啡，全部轉賣給日本內地的製藥公司。

臺灣總督府同年在臺灣也種植罌粟 18（エーカー），共生產生鴉片 201 磅。而是年臺灣總督府進口的鴉片原料的數量為：英國 17,581 磅、美國 8,000 磅、波斯 34,996 磅、英領印度 21,708 磅、英領香港 5,921 磅，總計達 88,206 磅。〔註9〕

同年，臺灣總督府製造生產鴉片煙膏 121,996 磅，生產粗製嗎啡 10,540 磅。而同年，臺灣總督府統計的鴉片吸食者計有 45,832 人，吸食用鴉片煙膏 128,514 磅、藥用鴉片 128 磅、嗎啡鹽類 40.23 磅、可卡因（大麻）鹽類 46.45 磅、海洛因鹽類 57.70 磅。〔註10〕

這裡值得我們注意的是，1921 年總督府製造生產的粗製嗎啡共計 10,540 磅，但同年消費的嗎啡類新式毒品達 14,438 磅，這其中多出來的部分是怎麼來的，筆者沒有找到相關資料。

而根據臺灣總督府警總的報告，1921 年生鴉片、鴉片煙膏及其他走私的調查中如下表：

B06150844600。

〔註9〕　（日）《阿片委員會／阿片年報　第一卷》，《分割 1》，JCAHR：B06150843500；B06150843700。

〔註10〕　（日）《阿片委員會／阿片年報　第一卷》，《分割 1》，JCAHR：B06150843500；B06150843700。

種　類	數　量	推定原產國	走私人國別	各注
鴉片煙膏	17 磅	中國	臺灣人 7 名、中國人 9 名	
生鴉片	97 磅	中國	中國人 1 名	
鴉片煙膏	1 磅	中國	中國人 1 名	

在這個報告中，沒有嗎啡類新式毒品的走私記錄，故筆者推斷可能總督府所生產的嗎啡類新毒品的數量沒有在報告中反映出來。

另在「阿片委員會／阿片年報」（第一卷）的資料中，有一份相關臺灣總督府《可卡因製造相關之件》尤其珍貴。此件記載了 1919 年以來星製藥及安部幸之助栽培大麻的相關之可卡因（大麻）之採取、製造及輸出之具體數量。其具體記載如下：

一、大麻葉有採取量為 236,070 匁；

二、1919 年末至現在製造可卡因（大麻）及鹽類的名稱數量；鹽酸可卡因 1,390 瓦；

三、本年度中製造的可卡因（大麻）及鹽類的名稱數量；鹽酸可卡因 2,370 瓦；

四、同製品在臺灣島內販賣及移出、輸出數量：移出 2,250 瓦、島內販賣 1,400 瓦，總計 3,650 瓦。〔註11〕

從上記錄來看，其記載不詳細，例 1921 年生產的可卡因為 2,370 瓦，但接著又記載同製品在臺灣島內販賣及移出、輸出數量總計為 3,650 瓦，其輸出數量遠遠高於生產量。

下表為 1919 年～1921 年臺灣總督府鴉片、嗎啡及可卡因生產額（數量及價額）

品　名	1919 年		1920 年		1921	
	數量（磅）	價額（円）	數量（磅）	價額（円）	數量（磅）	價額（円）
鴉片煙膏	167,969	6,996,643.133	143,975	6,820,984.77	121,996	5,779,682.496
粗製嗎啡	3,101	547,264.608	8,018	1,206,309.639	10,540	1,856,352.474
可卡因	----	----	----	----	----	----

*此表轉引自《阿片委員會／阿片年報　第一卷》。

〔註11〕（日）《阿片委員會／阿片年報　第一卷》,《分割 1》,JCAHR：B06150843500；B06150843700。

　　而從上表來看，臺灣總督府製藥所在 1919 到 1921 年之間沒有生產可卡因的記錄，而前述明明記載其有可卡因的生產數額。而下表為 1919 年～1921 年臺灣總督府鴉片、嗎啡及可卡因消費額（數量及價額）：

品　　名	1919 年		1920 年		1921	
	數量（磅）	價額（円）	數量（磅）	價額（円）	數量（磅）	價額（円）
鴉片煙膏	165,107	7,619,411.275	146,337	7,708,238.066	128,514	6,772,614.090
藥用鴉片	----	----	829	60,807.150	128	9,216.000
粗製嗎啡	----	----	211	156,432.150	40	10,170.000
可卡因			539	167,602.050	46	11,467.800

*此表轉引自《阿片委員會／阿片年報　第一卷》。

　　而上表所記載的臺灣總督府在 1919 年至 1921 年可卡因的消費數量僅有 585 磅，這與上面所記載的又不相符合。

　　而根據《阿片委員會／阿片年報　第一卷》的記載，1921 年度日本鹽酸嗎啡的輸入及製造數量為 10,970,500 瓦，1920 年度總量為 25,691,817 瓦。而海洛因的輸入及製造數量 3,544,889 瓦。〔註 12〕

　　1921 年向中國輸出鹽酸嗎啡 3374 公斤，另外還向關東州輸出 491 公斤。〔註 13〕

　　1921 年日本國內海洛因的製造數量如下表：

所在地	製造工廠名	製造數量（公斤）	鹽酸嗎啡換算量（公斤）
東京	星製藥株式會社	498.038	527.333
東京	三共株式會社	28.010	32.952
大阪	大日本製藥株式會社	140.580	148.850
	武田製藥株式會社	4.000	4.235
	鹽野義商店（鹽野製藥所）	102.500	108.529

〔註 12〕（日）《阿片委員會／阿片年報　第一卷》，《分割 2》，JCAHR：B06150843500；B06150843800。

〔註 13〕（日）《阿片委員會／阿片年報　第一卷》，《分割 2》，JCAHR：B06150843500；B06150843800。

田邊五兵衛（田邊製藥所）		130.600	138.282
合計		903.728	960.181

*此表轉引自《阿片委員會／阿片年報　第一卷》。

　　從上表來看，日本嗎啡類新式毒品的生產量極大，其與臺灣總督府專賣局及臺灣的新式毒品有一定密切的關係。筆者發現一份非常有趣的資料，即臺灣總督府在上報給日本政府的鴉片類年報中，存在著造假嫌疑，即是日本內務省所記載的，就1922年臺灣粗製嗎啡上報數字錯誤所提出的諮詢書，其中記載如下：

　　臺灣生產的粗製嗎啡全部提供給星製藥，根據今日本內地鴉片年報（六），星製藥從臺灣粗製嗎啡移入，據記載，製造鹽酸嗎啡604公斤800瓦，鹽酸海洛因600公斤900瓦。將以上的數量換算，星製藥粗製嗎啡4716公斤800瓦。由粗製嗎啡抽出精製嗎啡的比例為65%；由精製嗎啡再抽出鹽酸嗎啡比例為85%；由鹽酸嗎啡再可以製造出125%比例鹽酸海洛因。然而臺灣鴉片年報所揭報之粗製嗎啡5,327封度（根據《阿片委員會／阿片年報　第二卷》文中換算關係，1封度＝1磅），即2,421公斤363瓦，這與星製藥記載之移入量4,716公斤800瓦相比較，相差2,295公斤437瓦。〔註14〕

　　此份資料可以推斷，一向以「嚴謹」聞名的日本人，不可能在統計書上出現如此大的差錯。推斷可能在國際禁止毒品輸入的嚴峻形勢下，為了不引起更多的關注及譴責，故在上報給日本政府的統計書中，有意將「粗製嗎啡」移出量謊報少報，以使相關毒品移出量與上年或以前持平或減少，掩人耳目，以減少國際輿論的指責。另外，如果嗎啡類看報中存在著隱蔽造假嫌疑，其他類別毒品中也可能存在著類似的造假嫌疑。

　　另外一份資料也可以證明日本在毒品生產與銷售上的造假事實，即是《阿片委員會／阿片年報　第二卷》中收錄的文官「草間」提出的「1922年度阿片相關質疑」。此份質疑書現存毛筆手寫及印刷兩份，其毛筆手寫體中共計提出十二項質疑問題，但其印刷體中卻只有下述五項其內容：

　　一、內地報告記事英文中B（4）（a）的生鴉片生產數量僅有3646

〔註14〕（日）《阿片委員會／阿片年報　第二卷》，《分割2》，JCAHR：B06150843900；B06150844200。

千瓦，而依照內地生產數量相關的貴電「第一九一號」第五 a，則為 3903 千瓦，向聯盟事務局報告，也必將報告這錯誤的數據，故為什麼產生如此的差異，請說明事由。

二、同（6）嗎啡的數量，根據內力省令「第四十一號」第十五條之規定，依照由英國輸入的證明書，就輸入 308.952 千瓦，但根據當年 8 月 21 日所附的內務省「秘第五八二號」，並沒有依據上述輸入證明書，多輸入嗎啡 689 封度，這樣這兩個數量相對照，加上 689 封度，就變成 313.181 千瓦，請說明怎樣使上述記載數量一致。

三、本報告所記載的 1922 年嗎啡及嗎啡鹽類等的輸入及製造統計 2.985.275 千瓦，其年度內輸出僅 58.118 這樣少的數量，一年內本邦內地使用數量一般有 2.000 千瓦，這樣尚有 900 千瓦，即有六分之四是超過數量的，這些超過的數量，再與嗎啡鹽類加在一起，其數量就更加驚人，對於這些超過的數量，如何來說明。

四、可卡因內地需要儲備一年 1.800 千瓦（大正十一年 9 月 16 日附內務省外衛三〇八號末段參照），向聯盟事務局報告，依據這次的年報，1922 年度本邦輸入及製造數量的統計為 3,875.687 千瓦，而輸出 56.025 千瓦，國家需要數量超過 2.000 千瓦以上，上記報導的數量如何處置，本年度委員會必然會問起前項以上的問題，前項同樣的理由，如何解釋，在相關的管理上，英國的態度的方針等，11 月 30 日所附的同國年報，（特別第六頁，）對ウイフタン制葯公司，該國政府的管理等也要瞭解。

五、根據（6）（a），可以瞭解到沒有依照嗎啡輸入證明書中輸入量，及（ ）中可卡因輸入量中，沒有依據輸入證明書所輸入 195.188 千瓦。去年來麻藥類輸出入統計數量的差異相關，在英國及本邦間，特別進行了調查，實際上從英國輸入的嗎啡 308 千瓦，及可卡因 56 千瓦，相關輸出及輸入的路徑及手續等，已經有調查詳細報告，我方必須有對之管理的態度。〔註 15〕

〔註 15〕 （日）《阿片委員會／阿片年報　第二卷》，《分割 2》，JCAHR：B06150843 900；B06150844200。

日本內務省以外衛「第六〇號」「一九二二年度阿片年報相關之件」進行了回覆，內容如下：

（一）第一項，生鴉片生產數量 3903 公斤，與年報數量符合，依據在某種程度上鴉片法第二條，嗎啡含量低於 3% 的，將無償燒掉處分，故相差 257 公斤。

（二）第二項嗎啡鹽的許可，其輸入的數量 11034 盎司，其中 1 盎司為 28 瓦，將之換算成公斤，為 308 公斤 952 瓦（年報記載）又 11,034 盎司，將之直接換算成磅，1 封度為 16 盎司，這樣計算 689 封度（大正十一年八月內務省第五八二號報告數量相同。）

（三）第四項及第七項，嗎啡鹽有可卡因鹽的需要數量，如年報的報告，難於報到正確的數字，4000 封度為單純的鹽酸嗎啡及鹽酸可卡因，可參考大體上的需要儲備，其計算的基礎，是參考戰前輸入的平均值，後來隨著需要數量的增加相當顯著，故現在還有相當的在庫貯藏。〔註16〕

從內務省的回覆內容分析來看，日本政府僅以「燒掉、需要儲備及難於報到正確的數字」為由，並沒有認真處理。另外，毛筆手寫體的「質疑書」中有幾項是針對臺灣總督府的，但由於字體過於潦草，筆者沒有辦法翻譯，但從中可推斷出臺灣總督府上報的報告書中也有作假的行為。

三、日本在 1923 年前後的毒品生產及輸出

由於日本及各殖民地對嗎啡類新式毒品資料的刻意掩飾，能留傳下來的資料並不多，筆者僅從目前收到的一些資料，將日本在 1923 年前後的嗎啡類新式毒品的製造及販售情況簡單整理，以便管窺整個日本在近代毒害東亞人民的惡行。

1. 生鴉片

1923 年時日本的罌粟栽培地面積為 378 町 0 段 7 畝 09 步〔註17〕，用以生產出來的生鴉片數量為 2158.865 公斤，嗎啡的平均含量為 15.073%。

〔註16〕（日）《阿片委員會／阿片年報　第二卷》，《分割 2》，JCAHR：B06150843
　　　900；B06150844200。

〔註17〕注：丈量耕地面積。6 尺 3 寸為一間（約 191cm），一平方間為一步，30 步為
　　　一畝，300 步為一段（亦稱「反」），10 段為一町（亦稱「町步」），是為「町
　　　段畝步制」。

〔註18〕1924 年罌粟栽培地面積為 446 町 5 段 5 畝 19 步，生鴉片的生產數量為 3336.537 公斤，其嗎啡的平均含有量 13.1129%。〔註19〕

日本國內不允許鴉片的吸食，還在日本的領土上公然種植罌粟，而且種植面積是極大的，在 1923 至 1924 年短短二年的時間裏，用其所種植的罌粟就生產鴉片高達 5495 公斤零 4 兩 3 錢 8 釐。

1923 年生鴉片輸入數量為 20325.782 公斤。上述鴉片的使用為嗎啡、海洛因及可卡因的製造使用數量為 12553.279；在醫藥用鴉片製造上使用的數量為為 1081 公斤 726；ナルコポン其他製造使用的鴉片數量為 940 公斤 811。〔註20〕

1924 年生鴉片輸入數量為 10,775 公斤 415。上述鴉片中用為嗎啡、海洛因及ヂオニン製造上所使用的數量為 15,120 公斤 901；醫藥用鴉片製造上使用 1,159 公斤 416；ナルコポン其他製造上使用的鴉片為 756 公斤 501。

2. 嗎 啡

1923 年沒有嗎啡輸入，但含有嗎啡的製劑輸入許可數量為：

藥　品　名	嗎啡換算量（公斤）
パントポン注射液	15.456
パントポン粉末	75.000
パントポンスコパンミン注射液	9.288
パントポン錠	8.020
合計	107.764

*上表引自：《阿片委員會／阿片年報　第三卷》、《分割 1》，B06150844400；B06150844600。

1924 年含有嗎啡的製劑輸入許可數量為：

藥　品　名	嗎啡換算量（公斤）
パントポン粉末	25.000

〔註18〕（日）《阿片委員會／阿片年報　第三卷》、《分割 1》，JCAHR：B06150844400；B06150844600。
〔註19〕（日）《阿片委員會／阿片年報　第四卷》、《分割 1》，JCAHR：B06150844800；B06150845000。
〔註20〕（日）《阿片委員會／阿片年報　第三卷》、《分割 1》，JCAHR：B06150844400；B06150844600。

パントポン注射液	201.836
パントポン錠	4.005
パントポンスコパンミン注射液	4.800
スパースマルギン粉末	0.800
スパースマルギン注射液	0.300
スパースマルギン錠	5.000
合計	241.741

*上表引自：《阿片委員會／阿片年報　第四卷》、《分割 1》，B06150844800；
B06150845000。

　　日本雖大量生產嗎啡，但依然不能滿足其需要，還需要從國外進口嗎啡
鹽，從上面的資料來看，僅 1923 到 1924 兩個年份，日本就從進口嗎啡鹽
類 349.505 公斤。而日本嗎啡的製造量更是驚人。下表為 1923 年嗎啡的製
造量：

製藥廠名	所在地	鴉片產地	阿片使用數量（公斤）	嗎啡含有量	嗎啡鹽（公斤）	嗎啡含有量（公斤）	備　考
星製藥株式會社	東京	土耳其產	4002.500	12.77%	170.734	119.607	
三共株式會社	東京	土耳其產	3553.703	12.235%	560.000	423.107	
三共株式會社	東京	土耳其產	176.168	12.235%		12.755	轉換鹽酸海洛因為 18.950 公斤
大日本製藥株式會社	大阪	土耳其產	3761.685	11.751%	417.708	317.490	
大日本製藥株式會社	大阪	土耳其產	1068.750	11.751%		84.811	轉換鹽酸海洛因為 126.000 公斤
大日本製藥株式會社	大阪	土耳其產	165.350	11.751%		10.963	轉換鹽酸エケール嗎啡為 114.462 公斤
大日本製藥株式會社	大阪	土耳其產	28.123	11.751%		11.921	轉換鹽酸コデイン為 18.400 公斤
合計			12756.279		1148.442	980.654	

*注：星製藥株式會社由臺灣移入粗製嗎啡製造鹽酸嗎啡1859公斤547。資料來源：
《阿片委員會／阿片年報　第三卷》、《分割1》，B06150844400；B06150844600。

　　從上表內容分析來看，僅1923年一年期間，日本就生產製造了嗎啡1148
公斤，除此外還有大量的鹽酸嗎啡的製造如下表；

製造工廠名	所在地	嗎啡鹽製造量（公斤）	嗎啡換算量（公斤）
星製藥株式會社	東京	2030.271	1541.303
三共株式會社	東京	560.000	423.107
大日本製藥株式會社	大阪	417.708	317.490
合計		3007.979	2281.900
備註：製造總數為3007公斤979中，2596.113作為海洛因鹽、可卡因鹽及チオニン的製造原料。			

*資料來源：《阿片委員會／阿片年報　第三卷》、《分割2》，B06150844400；B06150844700。

　　1924年鹽酸嗎啡的製造量如下表：

製造工廠名	所在地	嗎啡鹽製造量（公斤）	嗎啡換算量（公斤）
三共株式會社	東京	612.419	465.438
星製藥株式會社	東京	509.125	386.935
大日本製藥株式會社	大阪	765.082	581.462
合計		1886.626	1433.835

*上表引自：《阿片委員會／阿片年報　第四卷》、《分割1》，B06150844800；B06150845000。

　　從以上二表來看，1923至1924年，日本共計生產鹽酸嗎啡4894.605公
斤。日本在短短二年時間裏，嗎啡鹽類的巨大生產量就呈現在大家面前。生
產出來如此大量的嗎啡鹽類，然而其最終的去處卻成為謎團。在以下輸出方
面的統計，可以成為其秘密走私的最好證明。

　　在輸出方面，1923年鹽酸嗎啡向中國輸出0.448公斤，向俄羅斯輸出
0.140公斤，總計輸出0.855公斤。[註21]

　　1924年向中國輸出鹽酸嗎啡1.188公斤，向關東州輸出0.196公斤，總

〔註21〕（日）《阿片委員會／阿片年報　第三卷》、《分割1》，JCAHR：B06150844
　　　　400；B06150844600。

計輸出 1.384 公斤。〔註 22〕

　　從上面的統計內容來看，1923 至 1924 年二年時間裏，日本方面總計向外輸出 2.239 公斤，而此二年日本共計生產鹽酸嗎啡 4894.605 公斤，那麼多餘的四千多公斤的鹽酸嗎啡是去處是哪裏呢？

　　另外，1923 嗎啡含有製劑輸出許可數量如下表：

品　　名	嗎啡換算量（公斤）	輸出目的國
鹽酸嗎啡注射液	0.007	中國
同上	0.001	關東州
同上	0.002	俄羅斯
パントポン注射液	0.033	中國
同上	0.001	關東州
ナルコパン注射液	0.001	中國
パントポンスコポラミン注射液	0.010	關東州
同上	0.004	中國
パントポン	0.740	中國
同上	0.638	關東州
ナルコパン	0.003	中國
鹽酸嗎啡錠	0.005	中國
合計	1.445	

*《阿片委員會／阿片年報　第三卷》、《分割 1》，B06150844400；B06150844600。

　　1924 年嗎啡含有製劑輸出許可數量如下表：

品　　名	嗎啡換算量（公斤）	輸出目的國
鹽酸嗎啡注射液	0.063	中國
同上	0.023	關東州
アロポン末	0.010	中國
アロポン注射液	0.033	中國
パントポンスコポラミン注射液	0.008	中國
同上	0.019	關東州

〔註22〕　（日）《阿片委員會／阿片年報　第四卷》、《分割 1》，JCAHR：B06150844
　　　　800；B06150845000。

ナルコパン末	0.020	中國
パントポン末	0.080	中國
パントポン注射液	1.108	中國
同上	0.277	關東州
鹽酸嗎啡錠	0.004	中國
ナルコパン注射液	0.004	中國
ナルコパンスコポラミン注射液	0.011	中國
合計	1.656	

*《阿片委員會／阿片年報　第四卷》、《分割 1》，B06150844800；B06150845000。

　　而根據以上二表，1923 至 1924 年二年時間裏，嗎啡含有劑的輸出總數也只有 3.101 公斤，這也證明日本掩藏了大量嗎啡鹽類的流向。

　　另外，還有嗎啡鹽類移出的記錄，即 1923 鹽酸嗎啡的移出為：向臺灣移出 10.050 公斤；向朝鮮移出 8.025 公斤，合計為 18.075 公斤。〔註23〕1924 年向臺灣輸出 9.210 公斤；朝鮮 1.689 公斤；樺太 0.098 公斤，總計 10.997 公斤。〔註24〕

　　另外，1923 年嗎啡含有製劑移出許可數量如下表：

品　名	嗎啡換算量（公斤）	輸出目的國
パントポンスコポラミン注射液	0.234	朝鮮
同上	0.200	臺灣
ナルコパン注射液	0.398	朝鮮
同上	0.136	臺灣
パントポン注射液	0.173	朝鮮
同上	0.083	臺灣
ナルコパンスコポラミン注射液	0.389	朝鮮
同上	0.088	臺灣
鹽酸嗎啡錠	0.210	朝鮮
同上	0.028	臺灣

〔註23〕（日）《阿片委員會／阿片年報　第三卷》、《分割 1》，JCAHR：B06150844400；B06150844600。

〔註24〕（日）《阿片委員會／阿片年報　第四卷》、《分割 1》，JCAHR：B06150844800；B06150845000。

パントポン	0.008	朝鮮
同上	0.007	臺灣
パントポン錠	0.009	臺灣
ナルコパン錠	0.009	朝鮮
アロポン	0.209	臺灣
合計	2.181	

*《阿片委員會／阿片年報　第三卷》、《分割 1》，B06150844400；B06150844600。

1924 年嗎啡含有製劑移出許可數量如下表：

品　名	嗎啡換算量（公斤）	輸出目的國
ナルコパン注射液	0.239	朝鮮
同上	0.110	臺灣
ナルコパンスコポラミン注射液	0.413	朝鮮
同上	0.189	臺灣
パントポンスコポラミン注射液	0.107	朝鮮
同上	0.049	臺灣
パントポン注射液	0.164	朝鮮
同上	0.164	臺灣
鹽酸嗎啡注射液	0.334	朝鮮
同上	1.087	臺灣
同上	0.001	樺太
鹽酸嗎啡錠	0.101	朝鮮
同上	0.021	臺灣
アロポン注射液	0.008	臺灣
パントポン末	0.480	朝鮮
同上	0.475	臺灣
ナルコパン末	0.380	朝鮮
同上	0.475	臺灣
スパースマルギン液	0.009	朝鮮
ナルコパン錠	0.075	臺灣
パントポン錠	0.010	朝鮮
同上	0.014	臺灣
エクスペクト錠	0.300	臺灣

スパースマルギン錠	0.025	朝鮮
パントポンスエポラミン錠	0.006	朝鮮
合計	5.244	

*《阿片委員會／阿片年報　第四卷》、《分割 1》，B06150844800；B06150845000。

　　從以上內容來看，即使加上移出的所有嗎啡鹽類及嗎啡含有物，也與其生產的數量相關甚遠，這部分的嗎啡鹽類其去向，非常值得關注。

3. 海洛因

　　除了嗎啡類毒品外，日本還大量生產海洛因，1923 年海洛因的製造量如下表：

所在地	製造工廠名	製造數量（公斤）	嗎啡換算量（公斤）
東京	三共株式會社	18.950	12.755
大阪	大日本製藥株式會社	126.000	84.811
大阪	大日本製藥株式會社	848.250	570.958
大阪	田邊製藥所	47.700	32.106
大阪	精萃製藥株式會社	682.470	459.370
合計		1723.70	1147.245

*《阿片委員會／阿片年報　第三卷》、《分割 1》，B06150844400；B06150844600。

　　1924 年海洛因的製造：

製造工廠名	所在地	海洛因鹽製造數量（公斤）	嗎啡換算量（公斤）
大日本製藥株式會社	大阪	175.350	117.485
田邊製藥所	大阪	237.742	159.287
精華製藥株式會社	大阪	1068.871	716.144
合計		1481.963	992.916

*《阿片委員會／阿片年報　第四卷》、《分割 1》，B06150844800；B06150845000。

　　從上二表內容來看，1923 至 1924 年期間，日本共生產海洛因 3205.333 公斤。1924 年的統計報告上記載是年海洛因的製造需要嗎啡鹽 1444.930 公斤為原料。另外，星製藥株式會社從臺灣總督府獲得的粗製嗎啡作為原料，製造鹽酸海洛因 957 公斤 4 兩 5 錢 8 釐（嗎啡換算量 842.563 公斤）。〔註 25〕

〔註 25〕（日）《阿片委員會／阿片年報　第四卷》、《分割 1》，JCAHR：B06150844

上述統計資料也證明日本生產的大量嗎啡鹽類用來生產了海洛因。生產的海洛因其流向哪裏？

　　根據所能查找到資料，1923 年鹽酸海洛因輸出為中國 0.8570 公斤，俄羅斯 0.0105 公斤，總計為 0.8675 公斤。〔註 26〕1924 年鹽酸海洛因輸出為中國 0.336 公斤，關東州 0.500 公斤，墨西哥 0.100 公斤，總量為 0.936 公斤。〔註 27〕

　　另外，還有海洛因的移出的記錄，即 1923 鹽酸海洛因的移出許可數量：向臺灣移出 23.0594 公斤；向朝鮮移出 2.5625 公斤，合計為 25.6209 公斤。〔註 28〕1924 鹽酸海洛因的移出許可數量：向臺灣移出 27.519 公斤；向朝鮮移出 2.936 公斤；總計移出 30.455 公斤。〔註 29〕

　　從上述記載來看，其海洛因的輸出量極少，總計不到百公斤，但這兩年所生的 3204 公斤的海洛因的去向不明。

4. 藥用鴉片

1923 年醫藥用鴉片含有製劑許可輸入的數量：

品　　名	醫藥用鴉片換算量（公斤）	輸出國
ドーフルア散	310.755	英國
同上	105.500	德國
阿片丁幾	225.000	法國
同上	590.620	英國
同上	45.000	德國
合計	1244.875	

　　從上表來看 1923 年日本國內醫藥用鴉片的進口數量為 1244.875 公斤。當年醫藥用鴉片的製造是由「內務省大阪衛生試驗所」進行的，共計生產

　　　　800；B06150845000。
〔註 26〕（日）《阿片委員會／阿片年報　第三卷》、《分割 1》，JCAHR：B06150844
　　　　400；B06150844600。
〔註 27〕（日）《阿片委員會／阿片年報　第四卷》、《分割 1》，JCAHR：B06150844
　　　　800；B06150845000。
〔註 28〕（日）《阿片委員會／阿片年報　第三卷》、《分割 1》，JCAHR：B06150844
　　　　400；B06150844600。
〔註 29〕（日）《阿片委員會／阿片年報　第四卷》、《分割 1》，JCAHR：B06150844
　　　　800；B06150845000。

630.550 公斤，換算成純嗎啡為 66.207 公斤。〔註 30〕這樣加起來算之，1923年日本共使用 1855 公斤醫藥用鴉片。

　　而 1923 醫藥用鴉片輸出情況為，向關東州輸出 0.060 公斤。〔註 31〕1923年醫藥用鴉片含有製劑輸出許可的數量如下表：

品　名	醫藥用鴉片換算量（公斤）	輸出國
ドーフルア散	1.981	中國
同上	0.050	俄羅斯
阿片乳糖散	0.008	中國
阿片丁幾	2.475	中國
同上	0.075	關東州
同上	0.075	俄羅斯
合計	4.679	

　　1923 移出醫藥用鴉片含有製劑的數量：

品　名	醫藥用鴉片換算量（公斤）	輸出國
ドーフルア散	5.1607	朝鮮
同上	16.8865	臺灣
阿片吐根錠	0.1080	朝鮮
合計	22.1562	

　　從上述內容來看，1923 年日本向外輸出的醫藥用鴉片（包括鴉片含有製劑）還不足 30 公斤。

　　1924 年醫藥用鴉片含有製劑許可輸入的數量如下表：

品　名	醫藥用鴉片換算量（公斤）	輸出國
ドーフルア散	392.200	英國
同上	280.674	德國
阿片丁幾	1823.9968	英國
同上	336.2202	德國

〔註30〕（日）《阿片委員會／阿片年報　第三卷》、《分割 1》，JCAHR：B06150844400；B06150844600。

〔註31〕（日）《阿片委員會／阿片年報　第三卷》、《分割 1》，JCAHR：B06150844400；B06150844600。

同上	31.680	瑞士
阿片エキス	36.792	德國
合計	2901.563	

　　1924 年日本由在大阪的「內務省大阪衛生試驗所」製造醫藥用鴉片 655公斤，其換算為嗎啡量為 65.5 公斤。〔註32〕

　　從上述內容分析來看，1924 年日本國內醫藥用鴉片的進口數量為2901.563 公斤。當年醫藥用鴉片的製造也是由「內務省大阪衛生試驗所」進行的，共計生產 655 公斤。這樣 1924 年時日本共使用 3556 公斤的醫藥用鴉片。

　　而 1924 年醫藥用鴉片輸出情況為，向中國輸出 0.1 公斤，向關東州輸出5.06 公斤，總計輸出 5.16 公斤。〔註33〕而 1924 年醫藥用鴉片含有製劑輸出許可的數量如下表：

品　　名	醫藥用鴉片換算量（公斤）	輸出國
阿片丁几	0.125	關東州
同上	3.335	中國
ドーフルア散	0.225	關東州
同上	2.550	中國
合計	6.235	

　　1924 移出醫藥用鴉片含有製劑的數量：

品　　名	醫藥用鴉片換算量（公斤）	輸出國
阿片丁幾	16.405	臺灣
同上	3.645	朝鮮
ドーフルア散	13.375	臺灣
同上	4.485	朝鮮
同上	0.025	樺太
デシピウム（阿片散）	0.500	
合計	38.435	

〔註32〕（日）《阿片委員會／阿片年報　第四卷》、《分割 1》，JCAHR：B06150844
　　　800；B06150845000。
〔註33〕（日）《阿片委員會／阿片年報　第四卷》、《分割 1》，JCAHR：B06150844
　　　800；B06150845000。

　　從醫藥用鴉片輸入及移出的統計數量來看，遠遠低於其生產額，餘下部分的流向不明，是日本秘密走私鴉片的有力證明。

　　5. 可卡因

　　1923 年日本粗製可卡因輸入的數量為 1874.599 公斤。可卡葉的輸入量為 256223.700 公斤。〔註 34〕是年粗製可卡因移入的數量：30.150 公斤。〔註 35〕 1923 可卡因的製造數量如下表：

所在地	製造工廠名	製造數量（公斤）
東京	江東株式會社	1325.250
東京	星製藥株式會社	468.720
東京	三共製藥株式會社	427.185
大阪	武田製藥株式會社	968.850
大阪	鹽野義商店製藥所	123.615
合計		3313.620

　　而 1923 年鹽酸可卡因的輸出數量：向中國輸 3.851 公斤，關東州 1.5340 公斤，俄羅斯 0.07 公斤，總計 3.455 公斤。〔註 36〕1923 年鹽酸可卡因的移出數量：臺灣 24.790 公斤，朝鮮 19.525 公斤，總計為 44.315 公斤。〔註 37〕其輸出與製造的數量差距也極大。

　　1924 年，日本粗製可卡因輸入的數量為 376841.605 公斤。從爪哇輸入可卡葉的數量為 258956.142 公斤。從臺灣移出可卡葉 52702.650 公斤。另外，還移入鹽酸可卡因 22.500 公斤。〔註 38〕而 1924 年日本可卡因的製造量如下表：

〔註 34〕　（日）《阿片委員會／阿片年報　第三卷》、《分割 1》，JCAHR：B06150844 400；B06150844600。

〔註 35〕　（日）《阿片委員會／阿片年報　第三卷》、《分割 1》，JCAHR：B06150844 400；B06150844600。

〔註 36〕　（日）《阿片委員會／阿片年報　第三卷》、《分割 1》，JCAHR：B06150844 400；B06150844600。

〔註 37〕　（日）《阿片委員會／阿片年報　第三卷》、《分割 1》，JCAHR：B06150844 400；B06150844600。

〔註 38〕　（日）《阿片委員會／阿片年報　第四卷》、《分割 1》，JCAHR：B06150844 800；B06150845000。

所在地	製造工廠名	製造數量（公斤）
東京	江東株式會社	1615.824
東京	星製藥株式會社	813.012
東京	三共製藥株式會社	842.690
大阪	武田製藥株式會社	985.177
大阪	鹽野義商店製藥所	127.455
合計		4384.158

而 1924 年鹽酸可卡因的輸出數量為向中國輸出 7.346 公斤；關東州輸出 0.585 公斤，總計 7.931 公斤。〔註 39〕1924 年鹽酸可卡因的移出數量：臺灣 70.564 公斤；朝鮮移出 13.840 公斤；樺太 0.305 公斤，總計 84.709 公斤。〔註 40〕從上述資料來看，其輸出與生產也是兩者間差距巨大。

6. 阿片條約規定的其他藥品

另外日本還有大量鴉片條約規定的含有鴉片或嗎啡成分的其他藥品的製造，其製造量如下表：

製品別	製造工作	所在地	種類	阿片使用數量（公斤）	嗎啡含有率	製造數量（公斤）	嗎啡換算量（公斤）
ナルコポン粉末	ラチウム制葯株式會社	東京	土耳其	910.874	12.158%	136.631	68.515
アロポン粉末	大日本製藥株式会社	大阪	土耳其	29.937	11.751%	8.728	5.539
燐酸メコデイン	三共株式会社	東京	土耳其			7.430	4.891
燐酸メコデイン	大日本製藥株式会社	大阪	土耳其	28.123	11.751%	11.400 16.650	0.921 10.959
合計				968.934		170.839	88.425

*《阿片委員會／阿片年報　第三卷》、《分割 1》，B06150844400；B06150844600。

1924 年鴉片條約規定的其他藥品製造量：

〔註39〕（日）《阿片委員會／阿片年報　第四卷》、《分割 1》，JCAHR：B06150844 800；B06150845000。
〔註40〕（日）《阿片委員會／阿片年報　第四卷》、《分割 1》，JCAHR：B06150844 800；B06150845000。

製品別	製造工作	所在地	製造數量（公斤）	嗎啡換算量（公斤）
ナルコポン粉末	ラチウム制葯株式會社	東京	104.788	52.394
アロポン粉末	大日本製藥株式會社	大阪	16.517	6.111
燐酸可待因	大日本製藥株式會社	大阪	25.725	16.979
燐酸コデイン	三共株式會社	東京	4.162	2.747
鹽酸エチールモルヒネ	大日本製藥株式會社	大阪	17.550	12.987
合計			168.742	91.218

　　1924 年磷酸可待因的輸入 1067.472 公斤，鹽酸エチールモルヒネ
118.900 公斤。鹽酸エチールモルヒネ輸出的數量為 0.375 公斤。鹽酸エチ
ールモルヒネ移出的數量為 1.9175 公斤；磷酸コデイン輸出的數量為
11.761 公斤；磷酸可待因移出數量為 50.035 公斤。這些基本都輸出到中國、
臺灣及朝鮮。〔註 41〕

四、臺灣總督府新式毒品的製造販售

　　不但日本國內生產大量新式毒品，各殖民地也生產各種新式毒品，但由
於刻意掩飾與銷毀，能留傳下來的資料並不多，筆者僅從目前收到的一些資
料，將臺灣總督府的嗎啡類新式毒品的製造及販售情況簡單整理，以便以一
管窺視到臺灣總督府在近代日本毒化東亞人民過程中的作用。

1. 鴉片煙膏類

　　臺灣在 1923 年毒品的生產銷售情況：原料鴉片輸入為從波斯輸入
24000 封度（10,800 公斤）；歐洲土耳古 77,161 封度（34,722 公斤）；亞細
亞土耳古 8671 封度（3,901 公斤）；英領印度 24,000 封度（10,800 公斤），
總計 133,832 封度（60,223 公斤）。〔註 42〕原料鴉片輸出為向歐洲土耳古
8,640 封度（3,888 公斤）〔註 43〕而同年阿片煙膏藥用鴉片及其他的消費數
量如下表：

〔註 41〕（日）《阿片委員會／阿片年報　第四卷》、《分割 1》，JCAHR：B06150844
　　　　800；B06150845000。
〔註 42〕（日）《阿片委員會／阿片年報　第三卷》、《分割 1》，JCAHR：B06150844
　　　　400；B06150844600。
〔註 43〕（日）《阿片委員會／阿片年報　第三卷》、《分割 1》，JCAHR：B061508444
　　　　00；B06150844600。

阿片煙膏吸食者	阿片煙膏	藥用阿片	嗎啡	可卡因
39,463 人	106,949 封度 （48,126 公斤）	18 封度 （8.1 公斤）	----	----
海洛因	嗎啡鹽類	可卡因鹽類	海洛因鹽類	
----	22.76 封度 （10.2 公斤）	73.93 封度 （32.3 公斤）	46.51 封度 （21 公斤）	

*《阿片委員會／阿片年報　第三卷》、《分割 1》，B06150844400；B06150844600。

　　1923 年鴉片煙膏的消費量為 106,949 封度（48,126 公斤）。〔註44〕1923 年時煙膏的價格為：一等煙膏每百匁為四十四日元；三等煙膏每百匁為三十三元。二等煙膏已經停止販賣。當時臺灣人共有 361,4207 人，在留中國人為 29,368 人。〔註45〕

　　2. 嗎啡類

　　1923 年時，臺灣製造鴉片煙膏 120,732 封度（54,331 公斤）。粗製嗎啡 7,117 封度（3,202.7 公斤），由日本移入的嗎啡鹽類的數量為 14 封度（6.3 公斤）。另外，臺灣總督府專賣局鴉片煙膏生產時，產生副產品粗製嗎啡全部轉賣給日本內地的製藥公司，粗製嗎啡 7,117 磅（3,202.7 公斤）。〔註46〕

　　1924 年移入的嗎啡數量為：13.957 瓦。〔註47〕

品名	パントポン	ナルコポン	アロポン	阿片丁幾	ドーフル散	總計
嗎啡換算量	709 瓦	633 瓦	2 瓦	2109 瓦	1486 瓦	4938 瓦

*此表來源於：《阿片委員會／阿片年報　第四卷》、《分割 1》，B06150844800；B06150845000。

　　1923 年嗎啡的輸出量：

〔註44〕（日）《阿片委員會／阿片年報　第三卷》、《分割 1》，JCAHR：B06150844400；B06150844600。
〔註45〕（日）《阿片委員會／阿片年報　第三卷》、《分割 1》，JCAHR：B06150844400；B06150844600。
〔註46〕（日）《阿片委員會／阿片年報　第三卷》、《分割 1》，JCAHR：B06150844400；B06150844600。
〔註47〕（日）《阿片委員會／阿片年報　第四卷》、《分割 1》，JCAHR：B06150844800；B06150845000。

年　別	品　名	數　　量	移出目的國	與上一年相比增減
1922 年	粗製嗎啡	5327 封度（2407 公斤）	日本	
1923 年	粗製嗎啡	7117 封度（3203 公斤）	日本	1790 封度

*上表引自：《阿片委員會／阿片年報　第三卷》、《分割 1》，B06150844400；B061508
44600。

　　1924 年向中國（臺灣總督計開設的醫院）輸出嗎啡鹽類 124 瓦。臺灣島
內總使用量為 14146 瓦。〔註 48〕

　　從以上內容分析來看，臺灣總督府專賣局所生產出來的粗製嗎啡類，全
部都輸送到日本國內，以製造嗎啡鹽類等新式毒品。另外，1924 年臺灣島內
嗎啡鹽類的使用量高達 14146 瓦，這也值得深入研究。

3. 海洛因類

　　1923 年海洛因鹽類的移入量為 38.19 封度（17.19 公斤）。〔註 49〕

　　1924 年海洛因鹽類的移入量為 27981 瓦。〔註 50〕

　　1923 年海洛因的輸出為向中國大陸臺灣總督府經營的醫院輸出トミラ海
洛因鹽一百瓦。〔註 51〕

　　1924 年向中國大陸臺灣總督府經營的醫院輸出鹽酸海洛因 150 瓦。島內
消費鹽酸海洛因 22458 瓦。〔註 52〕

4. 可卡因

　　1923 年可卡樹的栽培面積位置栽培者如下：

栽培地面種	位　　　置	栽　培　者
35 エーカ	臺南州嘉義郡中埔莊社口	星製藥株式會社
90	臺南州新營郡白河莊竹子門	臺灣生藥株式會社
計 125		

〔註 48〕（日）《阿片委員會／阿片年報　第四卷》、《分割 1》，JCAHR：B06150844
　　　　800；B06150845000。
〔註 49〕（日）《阿片委員會／阿片年報　第三卷》、《分割 1》，JCAHR：B06150844
　　　　400；B06150844600。
〔註 50〕（日）《阿片委員會／阿片年報　第四卷》、《分割 1》，JCAHR：B06150844
　　　　800；B06150845000。
〔註 51〕（日）《阿片委員會／阿片年報　第三卷》、《分割 1》，JCAHR：B06150844
　　　　400；B06150844600。
〔註 52〕（日）《阿片委員會／阿片年報　第四卷》、《分割 1》，JCAHR：B06150844
　　　　800；B06150845000。

*上表引自：《阿片委員會／阿片年報　第三卷》、《分割 1》，B06150844400；B061508
44600。

1924 年可卡的栽培面積位置栽培者如下：

栽培地面種	位　　　置	栽　培　者
9797 アール	臺南州嘉義郡中埔莊	星製藥株式會社
17897	臺南州新營郡白河莊	臺灣生藥株式會社
計 37694		

*上表引自：《阿片委員會／阿片年報　第四卷》、《分割 1》，B06150844800；B061508
45000。

可卡因鹽類的輸出，主要是對中國臺灣總督府經營的醫院作為醫療用而
輸出了 3 封度。可卡葉 13000 封度移出日本內地製藥會社。可卡因鹽類由日
本內地移入 46 封度（20 公斤 700）。〔註 53〕

可卡因製造工廠名、位置藥品名別製造數量如下表：

製造工廠名	位　　　置	藥品名別	製造數量	備　　考
臺灣生藥株式會社	臺南州新營郡白河莊竹子門	粗製鹽酸可卡因	55 封度	製品向島內販賣及預定移出到日本內地

*《阿片委員會／阿片年報　第三卷》B06150844400 分割 1B06150844600 第 27 頁。

1924 年可卡因鹽類，和中國大陸臺灣總督府經營的醫院輸出 162 瓦。可
卡因鹽類從日本移入 18012 瓦。〔註 54〕

小　結

雖然沒有找到更多的資料，但從以上的現存資料中，也能看出日本在近
代製造新式毒品，危害東亞人民的惡行。日本出版的《現代史資料》中自己
也明確說「為確保軍隊侵佔的佔領地，將製藥公司的、或密造的麻藥拿進
去。」此書中更直言「所謂的漸禁主義，即是政策當局在政策制定前，主張
表面上以法令、裁判等，來達到漸次斷絕鴉片的吸食，但實際上，由日本
人、朝鮮人、中國人等密造密賣鴉片、嗎啡將其變空洞化、無法的狀態。」

〔註 53〕（日）《阿片委員會／阿片年報　第三卷》、《分割 1》，JCAHR：B06150844
400；B06150844600。
〔註 54〕（日）《阿片委員會／阿片年報　第四卷》、《分割 1》，JCAHR：B06150844
800；B06150845000。

第十一章　臺灣鴉片事件

　　日本的嗎啡最初都是從英國及德國進口的。第一次世界大戰時，由於其使用量巨大，英法的生產量只能滿足自己的需要，故嗎啡的價格高漲，日本再也沒有辦法以進口的方式得到。而以星一為首的「星製藥」，在 1915 年末成為日本第一家研製成功嗎啡並投入生產的企業。而星一本人與後藤新平有著很深的關係，故日本政府便將其製造權，授予「星製藥」。在此數年間，星製藥壟斷了嗎啡製造業。由於嗎啡具有很強的止痛功效，可以作為麻藥來使用，故其在民用、軍需及精神享受都可方便簡單地使用，並且製造也相對簡單，是一本萬利的好東西。嗎啡的巨大利潤，使星製藥在短期內成為日本國內大企業，這也引起了其他製藥公司的妒忌，由此也引發了政黨內部的相應連橫。1925 年 1 月，星製藥被揭發進行鴉片的秘密走私，即為著名的「臺灣鴉片事件」。「臺灣鴉片事件」一審，判星製藥有罪，後經歷二審、三審後卻以星製藥無罪而結案。

一、「星製藥」與後藤新平及日本政商界的關係

　　「星製藥」即為「星製藥株式會社」，其創辦人為星一。對臺灣總督府而言，最重要收入的實為「鴉片副產物」的巨額增收。而此副產品生產商便是星一的星製藥會社。星一（1873～1951），福島縣磐城人，其父星喜三太曾任福島縣會議員。星一於東京商業學校畢業後赴美哥倫比亞大學留學，在美國留學期間，星一就關注日美之間的交流，著手辦日文版《日美週報》報紙及英文雜誌《Japan and America》，以便讓赴美的日本人瞭解美國。美國辦報生涯，使星一與日本上層要員之間結下了深厚的人脈。1898 年，星一從報紙上

得知日本政界大佬杉山茂丸為設立日本工業銀行所需要的大量外援來到美國時，星一主動拜訪杉山並給予了盡可能的幫助。此後杉山數度赴美過程中，星一都陪其左右，為其搜集美國工商資料諸多。此緣讓杉山對星一另眼相看，甚至視為至愛親人。

當時在美辦報的星一遇到經濟困難，杉山於 1902 年春天時，將時任臺灣總督府民政長官的後藤新平介紹給星一。當時後藤新平因「廈門事件」，覺得美國在佔領菲律賓後，其勢力可能向中國大陸滲透，擔心美國成為日本在中國爭奪殖民地的競爭對手，故希望到美國進行深入瞭解。星一作為留學美國的美國通，當然受到後藤的重視。當年 4 月，後藤新平就邀請星一隨自己到臺灣。當時星一在臺灣停留了二個月，並到臺灣各地進行了視察。6 月，星一隨同後藤新平，開始了後藤第一次赴美之旅。當時的隨行者有星一的摯友臺灣總督府殖產局局長新渡戶稻造、參事官大內丑之助等人。

後藤此行以殖民政策相關視察為主要目的，星一就在芝加哥等地接待後藤，並向後藤提供了大量美國文明經驗及產業方面的相關資料，並就日本的產業振興等提出自己的見解。此行讓後藤對美國等先進國家產業的發展有了深刻的認識。而陪伴其左右擔任嚮導的星一，也與後藤新平結下了深厚的友誼，後藤不但資助星一五千日元做為其辦報的資本，還確立了星一在後藤新平心目中「美國通」的地位，為日後星一的企業「星製藥」與臺灣的關係奠定了基礎。

1906 年，經過杉山茂丸的介紹，星一獲得明治元勳後藤象二郎之子後藤猛太郎的 400 日元資金的援助，設立「星製藥所」，以家庭常備藥物作為主要產品，開始從事製藥販售事業。〔註 1〕1907 年夏天，星一實驗自焦油中提煉魚石脂（Ichthyol，消炎、止痛殺菌用藥品）製造濕布藥的方法。1908 年，星一以無政黨所屬的「戊辰俱樂部」身份，參與議會眾議員選舉，並當選成為議員。

1910 年，星一以議員的身份，向時任內閣總理的桂太郎提出建議：「日本的賣藥業必須進行根本性的改革。製藥業不能國營，但賣藥業可以變成

〔註 1〕臺灣學者劉碧蓉在其博士論文《日本殖民體制下星製藥公社的政商關係》（第 2 頁）中認為星製藥成立的時間為 1906 年，但筆者在《星制藥株式會社（1）》（JACAR：C05035310200）中查到，其公司年鑑中所寫成立時間為明治四十年，即 1907 年。

國營。與其獎勵賣藥業，不如由國家將賣藥業收為國營，這樣即可以改良賣藥業，國家也可得到其收入。」〔註2〕此建議得到桂太郎的贊同。但當時的財政省認為比起賣藥的國營來說，還不如先將酒進行專賣。故桂太郎與星一商定：「星一的『星製藥』在賣藥國營的同時，其藥品的製造也實施為國營模式，即可從事所賣藥的製造。」〔註3〕從此時開始，星製藥就開始享有「國營」企業的同行待遇。

資料記載，當時做為國會議員岩下清州、片岡直溫、木村省吾等，及松方幸次郎、杉山茂丸、伯爵後藤猛太郎等人都匿名成為其會員，對星製藥的製藥及賣藥事業給予援助。

後藤猛太郎是自由民權運動者後藤象二郎之子。他於1904年與杉山茂丸等人組成臺華殖民合資公司，專門承辦中國勞工赴臺灣勞務之事項。〔註4〕

岩下清州本為長野縣的武士之子，東京商業講習所的英語教師，1877年入三井物產，1883年轉到巴黎服務。在巴黎期間，恰巧適逢伊藤博文、山縣有朋、西鄉從道及西園寺公望等人赴歐洲考查。岩下清州利用自己語言的長處，與他們結下了深厚友誼。後來，還與原敬、桂太郎、寺內下毅、山本權兵衛等日本政界人物結下了交情。1888年回國後他成立品川電燈有限公司，1895年為三井銀行大阪支店長。後與在大阪創立「藤田組」的藤田傳三郎相識。1896年籌組資本金三百萬元創立「北濱銀行」，首任總裁為藤田之兄久原莊三郎，岩下為專務，同時，該銀行還聘請政友會的原敬、原東大總長渡邊洪基為總裁。〔註5〕

以上人士都是在日本政商上知名的大佬，諸如岩下清州即為北濱銀行的行長。在他們的大力支持下，星製藥快速擴張發展。1911年11月，登記為實際資本額12萬5千圓的「星製藥株式會社」，社長為星一，取締役（董事）為後藤猛太郎、渡邊享、名取和作等。〔註6〕「星製藥」的內部，以星一為公司總經理，安東榮治、菱田靜治、福井為經營責任人，其內部由星三郎、大冢浩一、長井敏明來負責日常工作事務。

〔註2〕（日）《星制藥株式會社（1）》，JACAR：C05035310200。
〔註3〕（日）《星制藥株式會社（1）》，JACAR：C05035310200。
〔註4〕（日）大山惠佐，《星一評伝：努力と信念の世界人》，大空社，1997年，第110～120頁。
〔註5〕劉碧蓉，《日本殖民體制下星製藥公社的政商關係》，第48頁。
〔註6〕星新一，《明治の人物志》，東京：新潮社，1978年，第190頁。

由於以上人等都與臺灣有著或多或少的聯繫，故星製藥很快就開展了在臺灣的業務。1913 年時在臺北設立了臺灣事務所。

星製藥與臺灣鴉片的關係始於 1915 年。1914 年第一次世界大戰的爆發，這場戰爭對日本這樣依賴進口的國家影響更大。大戰開始後，日本最大的藥品進口國德國禁止化學工業品輸出日本，造成日本藥品供應緊張，藥價也隨之高漲，對衛生醫療保健業帶來很大影響。因此，日本政府於 1914 年 8 月由內務省發布「戰時醫藥品輸出取締令」，規定如果沒有內務大臣的許可，特許藥品不能輸出。9 月，由東京、大阪兩大製藥同業工會共同組成「聯合協議會」，向內務及財政兩省提出「製藥業特別保護」、「修改鴉片法」、「製藥原料專賣鹽特別處理」等建議書。

以上企業之所以提出修改鴉片法，是因當時戰爭爆發後，具有麻醉功能的藥品需求量大增。這也使得原來仰賴歐洲，特別是英國進口的嗎啡一時十分短缺，日本市場的嗎啡價格高漲，醫藥界因而陷入恐慌。對此，日本製藥界轉而對臺灣的粗製鴉片中的粗製嗎啡產生興趣，並透過政黨及官界的人脈，以求得製造嗎啡的原料。在眾多的競爭者當中，星一憑藉與後藤新平的深厚友誼，不但促使專賣局將生鴉片的主要產地自印度轉到波斯、土耳其，同時也獲准購買製藥所製造後所剩餘的粗製嗎啡，並於 1915 年率先第一個試製成功嗎啡，並於正式與臺灣總督府專賣局簽訂嗎啡製造合同。

二、星製藥與臺灣總督府的密切關係

「嗎啡」亦稱「鹽酸嗎啡」。嗎啡在加入 acethylene 進行處理後，即可成為「海洛因」。除以上藥品外，可卡因的需要量也大增，可卡因別名「古柯鹼」，是人類發現的第一種具有局麻作用的天然生物鹼（$C_{17}H_{21}NO_4$），為長效酯類局麻藥，脂溶性高，穿透力強，對神經組織親和性良好，產生良好的表面麻醉作用。可卡因的原料取自「古柯樹」，古柯樹的葉子含有尼古丁和可卡因、可待因等 14 種生物鹼。星製藥在研製成功嗎啡後，又致力於可卡因的開發研製。

古柯樹原生於南美洲的安第斯地區，1911 年總督府在其「林業試驗場」試種植，1915 年時試種成功。星製藥為了取得製作可卡因的原料，於 1916 年通過日本貿易株式公司，由南美的秘魯輸入古柯葉，又開始製造可卡因。1917 年時硫酸奎寧也經內務省衛生試驗所檢驗合格，成為星製藥生產的產品。

　　星一為了使製藥公司有充足的原料，亦在臺灣及南美秘魯等地尋找土地進行大麻的栽種。星一從 1916 年開始在臺南嘉義中埔莊社口從事大麻約 1甲地（0.9699 公頃）的栽培。此後又購買南投 550 町步（545.6 公頃）、嘉義180 町步（178.56 公頃）以及高雄潮州郡、知本番地等土地進行大麻的栽種。同時，他還派人到南美，在 1917 年以 15 萬元購入秘魯 500 町步（496 公頃）的土地作為大麻種植園。1918 年再以 34.5 萬元買下秘魯 300000 町步（約29.760000 公頃）的土地，以種植大麻。〔註 7〕

　　星一憑藉其與日本政商界的特殊關係，很快就將其製藥公司發展為現代化企業，特別是二百多部的製藥機械，全部為引進的美國、英國、德國及法國中最優秀的近代化機器，使星製藥憑藉機械的完備、新穎，堪稱日本第一、東洋第一的製藥公司。〔註 8〕

　　更有甚者，星製藥會社甚至提升到與三井物產、三美路商會同格，獲得為專賣局購買生鴉片的特權。而星製藥之所以得以飛躍性成長的主因，關鍵就是以鴉片為原料製造嗎啡的國產化。星製藥的生產設備工廠，分為製藥部與賣藥部二大部分，而製藥部下又分為四部，即：嗎啡部、海洛因部、可卡因部及キニーネ部。〔註 9〕

　　政商關係密切的「星製藥」在創立後不久，就在桂太郎的扶持下，成為日本國家製販藥的實驗企業。隨後在各政治大老的公開或秘密和扶持下，星製藥獲得了飛速的發展。星製藥在 1907 年最初以四百日元的資金創立，1908 年時資本金變成五千日元，1910 年匿名組合之時，資本金已達二萬五千日元，次年變成資本金達五十萬日元的有限公司。1913 年時，資本金達百萬元；1917 年時，達二百萬日元；1918 年五百萬日元、1920 年千萬日元、1921 年二千萬，1923 年時，資本金達到五千萬日元。星製藥在最初的只有股東 69 人，大正二十年時，股東達到 10,000 人。〔註 10〕

　　下圖為星製藥所生產的鹽酸海洛因類毒品的名稱：

〔註 7〕劉碧蓉，《日本殖民體制下星製藥會社的政商關係》，第 56 頁。
〔註 8〕（日）《秘露國二於ケル星一買入土地二關スル件》，JACAR：B04121140500；B04121140600；B04121140700；B04121140800；B04121140900；劉碧蓉，《日本殖民體制下星製藥會社的政商關係》，臺灣師範大學政治研究所博士論文，2009 年 6 月，第 53 頁。
〔註 9〕（日）《星制藥株式會社（1）》，JACAR：C05035310200。
〔註 10〕（日）《星制藥株式會社（1）》，JACAR：C05035310200。

星製藥株式會社
十四大アルカロイド製品

鹽酸モルヒネ
鹽酸ジアセチールモルヒネ
燐酸コデイン
鹽酸コカイン
鹽酸キニーネ
硫酸キニーネ
重硫酸キニーネ
エチール炭酸キニーネ
カフェイン
硫酸アトロピン
ブローム水素酸スコポラミン
ブローム水素酸ホマトロピン
鹽酸トロパコカイン
硝酸ストリキニーネ

▼本製品は我製藥界の權威なり。
▼日本藥局方に各認藥局方に適合す。
▼製品の質量と品質の優良さとは云々。
▼世界の市場に於て歐米製品を遠慮しつつあり。
▼對して其の評價を高めつつあり。
▼致て刀奎寧の各位に囑む。

資料來源：《社報》1922 年 11 月 15 日，期 120。

　　星製藥要想成為世界第一的鹽酸嗎啡的製藥者，其原料的充足供給，是極為重要的。星製藥公司在臺灣購買了八百町步土地，從大正五年開始栽培古柯樹，大正六年在南美秘魯購買五百町步的古柯樹園，七年又購買了三十一萬町步的土地，大正十年在臺灣蓄地五百町步，知本四千町步的土地，大正十一年開始奎寧樹的栽培。臺灣總督府在公司奎寧樹山附近開設了國營的奎寧栽培研究所，其研究所用之奎寧的種子及苗木都由本社的奎寧樹山供給。星製藥計劃在十年間完成一萬二千町步的奎寧林的計劃，另外以奎寧以外的植物栽培為由，另向臺灣總督府申請了六萬九千二百三十町步的土地租用申請。大正十二年時，星製藥的奎寧皮開始採收，其收穫量會逐年增加，預計十年以後，其每年奎寧皮的收穫量可達到七千頓。星製藥當時計劃以十年為期，達到原料自給的世界第一的鹽酸海洛因製造國。〔註11〕

　　星製藥在臺灣的企業，也使總督府獲得了巨大的收益。「大正 3 年度全專賣局收入僅 1,600 萬餘圓，而後收益逐年增加，至本年度實已達到 4,600 萬圓，占總督府歲入之過半，特別是鴉片副產品收入及酒類專賣的創業，功不可沒。」〔註12〕當星製藥的用地申請程序進行時，總督府對拓殖事務局長「有關休職池田專賣局長之件」的詢問，答覆如下：鴉片副產物是由鴉片煙膏抽出過剩的嗎啡，藉此以達成衛生上之目的。而以此種方式所產生的副產物，即嗎啡之藥品，從前需仰賴海外之輸入，然當歐洲戰爭時，此種藥品之輸入幾乎斷絕。當此國家危機之際，為協助樹立嗎啡藥品工業，星製藥首當

〔註11〕（日）《星制藥株式會社（1）》，JACAR：C05035310200。
〔註12〕（日）《故休職臺灣總督府專賣局長池田幸甚勳章加授ノ件》，JACAR：A10112987800。

其衝，歷經種種調查研究，因其內容有絕對秘密之必要，遂招來世間許多疑惑。然星製藥毅然而然、不屈不撓，終得以製造出品質不劣於獨佔市場的英國之優良產品。因此，日本所需要之嗎啡藥品不但得以滿足，而且尚有剩餘。不僅如此，還使過去無價值的副產物成為有價值之物，帶來預計之外的巨額增收。大正 4 年度以降純收益實已達到 700 萬圓。舉例而言，大正 4 年度 12 萬 7 千圓、5 年度 32 萬 5 千圓、6 年度 28 萬 1 千圓、7 年度 77 萬 1 千圓、8 年度 68 萬 4 千圓、9 年度 112 萬 4 千圓、10 年度 180 萬 4 千圓、11 年度 76 萬圓、12 年度 108 萬 8 千圓。將來每年繼續確實獲得百數十萬圓收入，以國產品達成自給自足之地步，對總督府財政貢獻甚大，其功績偉矣。〔註 13〕

按照臺灣總督府頒布的「鴉片令」中規定，鴉片主要是指生鴉片、鴉片煙膏及粉末鴉片。臺灣的鴉片完全禁止出口，其進口的也不得由私人公司來進行，必須由政府所指定的公司及商號來進行。臺灣生產煙膏所需要的生鴉片，主要從土耳其、波斯及印度等地進口，之後再由臺灣總督府製藥所再生產而成。在總督府「鴉片令」還沒有實施之時的 1895 年 10 月 1 日，就指令日本商號「三井物產公司」及英商「三美路」兩家來購買臺灣所需要的鴉片原料。〔註 14〕

「三井物產」起源於 1673 年，三井高利開設名為「三井越後屋」的吳服店（今三越百貨）。此後三井高利又在京都、江戶（東京）、大阪、長崎等地開設名為「兩替屋」的錢莊，從事兌換、放款等金融業務，即為現在三井住友銀行的起源，此為「三井物產」的遠祖。明治維新之前，三井家族為倒幕勢力提供巨額資金，是日本明治維新的大功臣，因此三井也與長州藩閥井上馨及伊藤博文等人建立了密切的關係。1876 年，三井家族開設了日本第一家私人銀行「三井銀行」，並成立了當時規模為日本第一的「三井物產公司」。井上馨曾在 1887 年成為三井的顧問，故三井也成為「政商三井」。由此，三井家族與明治政府發展出了一種互相支撐、互相利用的互惠關係，推動日本的經濟與社會變革。也因伊藤博文及出任臺灣總督的桂太郎、乃木希典、兒玉源玉郎及佐久間左馬太等人都出自長州藩，而使三井與臺灣

〔註 13〕 （日）《故休職臺灣總督府專賣局長池田幸甚勳章加授ノ件》，JACAR：A101 12987800。
〔註 14〕 （日）《臺灣鴉片志》，臺灣日日新報社，1926 年，第 161 頁。

結下了深緣。

在總督府的授意下，1896年三井在臺灣設立「臺灣出張所」，很快就承接了臺灣鴉片的進口業務。另外，總督府利用關稅及專賣制度，將英商「三美路」排擠除去，使三井成為獨佔臺灣鴉片原料進口的唯一商家。在總督府的大力扶持下，1898年時，「三井出張所」升格為「臺北分公司」。

總督府利用「三井」控制了鴉片的進口，又以總督府製藥所掌握了鴉片的生產。而初期日本在臺灣實施的鴉片制度是所謂的「漸禁」，其目的按字面的意思應當是逐漸禁止。但總督府制度實施的目的並不是要幫助臺灣人在短期內戒除鴉片煙癮，而是追求高額收益，以幫助總督府擺脫經濟困境。故臺灣總督府的煙膏生產很快就出現了剩餘。

總督府為了維持鴉片的穩定的收入，開始向外拓展渠道。1900年，後藤新平向福建總督許應騤推銷臺灣的鴉片專賣經濟，其目的就是為將臺灣已經過剩的鴉片向中國市場推銷。之後，臺灣有鴉片向中國輸出，但因其口味不適合而停止。其後不久，中國又開始了「鴉片十年禁絕計劃」，在中國政府的努力下，大陸的鴉片市場逐年縮小。後藤新平深刻地感受到鴉片收入的減少對臺灣財政的影響，也曾向原敬提出要開發阿里山的森林資源，以取代鴉片在臺灣經濟中的地位。正當日本政界擔憂臺灣鴉片生產過剩之時，第一次世界大戰爆發了，而星製藥在此時研製出來的新型麻醉品，恰好取代傳統的鴉片煙膏在經濟上的地位。

1902年星一隨後藤第一次來臺灣。此後他便與臺灣結下不解之緣，星一與臺灣鴉片的淵源應當在他與後藤結緣之時。1913年星製藥在臺灣設立「星製藥會社臺灣出張所」。1912年星製藥公司成立之後，他馬上就派員到臺灣來調查鴉片的市場。根據當時公司職員的調查，臺灣的鴉片政策實施後，其吸食的人數是在逐年減少，但由於臺灣種植罌粟沒有辦法滿足製藥所生產鴉片所用，故臺灣專賣局還需要大量從國外進口生鴉片。

三、星製藥與嗎啡的研製與生產

星製藥在早期是以胃腸藥、感冒藥、婦科藥及小兒藥等家庭常用藥為主的化學製藥公司。但由於星一與後藤新平及臺灣總督府的特殊關係，使其製藥公司有機會向收益更大生物鹼類生產發展。而生物鹼主要是以草根、樹皮及果實為原料，即罌粟、古柯樹及規那樹。罌粟可提煉出鴉片、嗎啡及海洛

因。古柯樹葉可提煉出可卡因。規那樹可提煉出奎寧。這些東西不僅可以作為醫療上，而且也可以用在精神享樂上，特別是在戰爭中，其麻醉作用十分明顯，需要量極大，而嗎啡的生產是最關鍵的。

早在 1913 年時，星一就開始對臺灣鴉片市場進行調查，但星一將製造嗎啡計劃向公司內部提出時，卻遭到星一學生時代的摯友安樂榮治的反對。安樂認為提煉嗎啡技術困難，不僅要有新式的機械，而且需要研發人員。星一以堅決的意志幾次做工作，最終得到公司人員的支持，全力支持開始從臺灣專賣局送到東京公司的少量粗製鴉片中提取粗製嗎啡。星一從國外購入當時最先進的製藥機械，並成立了以中島藤吉技師長及其他數名藥劑師及工人的研究團體，在星一指揮下，僅僅用了 75 天就研製成功。

嗎啡的生產研製成功後，星一利用與臺灣總督府的關係，希望臺灣專賣局將其生產鴉片所提煉出來的粗製嗎啡賣給星製藥以進行大批量生產。1915年，星製藥終於與專賣局訂立了契約，但契約的前提是臺灣總督府方面希望的星製藥能實現在臺灣實現現地生產。星一為應和這一契約，在星製藥臺北事務所內建造了「嗎啡精製所」，並從東京長途運來離心機，並派出長井敏明為技術總長，準備在臺灣生產製造嗎啡。

其實臺灣方面早在 1906 年就開始著手粗製嗎啡的研究，而負責此案的就是專賣局製造課的技師今福結藏。因為嗎啡的萃取屬於專賣局的秘密，除了負責研究的部門外，一般工作人員是無從知道的，以至於直到 1915 年內務省衛生局才有第一次鹽酸嗎啡的研究報告的發表，故總督府希望星製藥能在臺灣建廠生產。但由於臺灣方面機械落後，又由於臺灣人吸食鴉片的習慣，星製藥與專賣局方面都擔心嗎啡因雇用的臺灣工人而私自流出，最終還是將嗎啡精製所設於東京。

星一與臺灣總督府專賣局的嗎啡契約，得益於他與後藤新平的關係。星一之所以能成功取得醫療用鹽酸嗎啡的製造原料，主要是臺灣總督府專賣局長賀來佐賀太郎採取了他的申請報告。星新一在為報父仇而作的《人民は弱し官吏は強し》（人民孱弱，官吏強勢）一書中，寫到「賀來佐賀太郎對星一的提案表示歡迎，同意加以檢討而採用。不用說，促使這個提案得以施行的當然是後藤新平的助言。臺灣的一切都是基於後藤新平時代的方針及計劃進行的，而賀來正是這個系統的主流人物。」〔註15〕

〔註15〕（日）星新一，《人民は弱し官吏は強し》，東京新潮社，1978 年，第 29 頁。

這段資料明白地陳述了由於後藤新平的介入，使得專賣局作了重大的採購改變。而此事還與總督府專賣局事務官、庶務課長兼腦務課長池田幸甚有著很大的關係，池田雖非後藤新平嫡系，然而卻被視為賀來佐賀太郎的左右手，在專賣局與後藤新平勢力、星製藥之間密切關聯的結構中，扮演了重要的執行者角色。〔註16〕

星製藥利用與後藤新平的良好關係，不但獲准購買製藥所生產吸食煙膏後所剩餘的粗製嗎啡，還獲得與三井物產、三美路商會同格，且可以為專賣局購買生鴉片的特權。另外，星一還促使專賣局將生鴉片的主要購買主從東印度公司的英國轉到土耳其。這使得在第一次世界大戰後，自英國嗎啡供應斷絕的情況下，星製藥的嗎啡生產成為獨佔的事業。

1923 年 8 月 27 日，星製藥株式會社的星一社長向外務省的能商局長技系永井提出《拯救我日本現在遭遇的嗎啡製造業的危機》、《與有力的土耳其鴉片商簽條長期的買賣契約》及《拯救臺灣總督府、關東廳鴉片需要相聯繫的我國嗎啡製造業之件》的建議書。

在《拯救我日本現在遭遇的嗎啡製造業的危機》中，星一舉證大量事實說明從日本嗎啡製造開始後，英國對日本鴉片原料的有意刁難，認為日本的嗎啡製造業，以現在的狀況原料匱乏問題是必然出現問題，因為世界最大的嗎啡生產國的英國，為禁止日本嗎啡製造業的發展，可以說傾盡了全力。另外，臺灣總督府，關東廳等在使用印度鴉片以外的鴉片時，英國也是盡全力進行限制。〔註17〕

另外，星一在《與有力的土耳其鴉片商簽條長期的買賣契約》的建議書中，提出在製藥上最為重要的鴉片為土耳其產鴉片，所以與土方聯絡進行處理最為重要。星一坦承因為痛感覺其必要性，早通過美國從土耳其購買了大量的鴉片，並言「這是超過預定數量的鴉片」。〔註18〕

星一言：「1920 年 10 月，與土耳其知名的鴉片製造商代表好伊次好魯簽訂的契約。當時該社的紐約代表店商會的副社長來日本，但我國的方針卻不允許此契約。紐約美國籍的土耳其鴉片商「優次西姆德蘭」，與星製藥在紐約

轉引自鍾淑敏《殖民地官僚試論──以池田幸甚為例》第 35 頁。

〔註16〕鍾淑敏，《殖民地官僚試論──以池田幸甚為例》，《臺灣學研究》第 10 期，2001 年 12 月，頁。

〔註17〕（日）《17‧モルヒネ》，JACAR：B11092154400。

〔註18〕（日）《17‧モルヒネ》，JACAR：B11092154400。

代表讓有著極為密切的關係，別外與土耳其的「好伊次好魯」也有著密切的關係。他們是能夠見到「好伊次好魯」的人。「好伊次好魯」是土耳其最大的鴉片商人。星製藥可以通過他，以美國為中介，與土耳其簽訂長期的鴉片契約，以保證日本部分的鴉片的獲得。如果本條約得以成立，那麼我國的鴉片需要者就獲得有利的地位，即使再購買本契約以外的鴉片，也會處於有利的地位。現在鴉片的需要量很大，如不能確立長期充足的原料供給，製造商就會不安，故必須締結這個契約。故請閣下一定考慮批准。」〔註19〕

《拯救臺灣總督府、關東廳鴉片需要相聯繫的我國嗎啡製造業之件》中，星一提出：臺灣專賣局現在所採取的政策如果由我星製藥來進行的話，臺灣總督府及關東廳大部分的鴉片的供給都由我公司進行，這樣我公司也可就此繼續進行嗎啡的製造。製藥者所需要的鴉片，其嗎啡的含有量稍多，甚至需要 10%以上，而製造煙膏所需要用的鴉片，則含有 7%就已經足夠了。印度鴉片一般嗎啡含有量為 7%。臺灣總督府需要嗎啡含有量 12%到 14%的生鴉片，從其中提取粗製嗎啡，其剩餘部分再製造成煙膏。其粗製嗎啡都賣給本公司做精製嗎啡使用。〔註20〕

星一還提出：「如臺灣專賣局的做法，由我公司購入嗎啡含有量多的鴉片，除去臺灣、關東廳要求程度以外的嗎啡，再將鴉片交給他們，除去的嗎啡部分再由本公司製成嗎啡。依據這種方法，我公司能夠向臺灣專賣局提供極為廉價的鴉片，故臺灣專賣局方面目前一點異議也沒有，同時，也可以避免英國及其他國家對嗎啡製造的責難。臺灣專賣局製造粗製嗎啡，可以緩解英國對臺灣專賣局粗製嗎啡製造的非難，可以將英國在東亞的商權轉移到我們手裏。臺灣專賣局的真理也就是關東廳的真理。嗎啡製造者所需要的，只是鴉片中的嗎啡，臺灣、關東廳所要的，是製藥者所不要部分的嗎啡含量。故依據這種辦法，是可以共存在的，而官民協力一致的努力，是共存的原理存在，國家進步的前提。依據這個共存在原理所製造出來的嗎啡，可以讓世界更安定。這是因為本公司具有的「阿魯海洛因」的技術是世界第一的，其產品不論品質還是價格上，都被世人所讚賞。如果現在依然採取放任的態度，早晚我國嗎啡製造業將面臨著原料不足而消亡。」〔註21〕

〔註19〕　（日）《17‧モルヒネ》，JACAR：B11092154400。
〔註20〕　（日）《17‧モルヒネ》，JACAR：B11092154400。
〔註21〕　（日）《17‧モルヒネ》，JACAR：B11092154400。

　　雖然沒有找到日本政府關於星一申請批覆的文件，但從星一購入的鴉片清單中可以推測，日本政府採納了星一的建言。1919 年到 1922 年間，星製藥共購入 3,518 箱生鴉片，其具體情況見下表：

買入公司名稱	箱　　數	封　　度
倫敦蘭波商會	133	22,320.75
紐約拉魯夫愛魯福拉公司	2331	385,975.07
紐約強魯斯菲斯汀公司	297	50,531.00
芝加哥藩達雷奧公司	16	2,564.25
紐約高峰商事會社	459	76,734.25
東京歐亞產業會社	3	351.50
倫敦廈蘭德會社	159	24,484.00
紐約龍古西魯維他公司	120	20,000.00
總計	3518	582,960.82

*此表根據《阿片事件辯論速記錄》第 16～17 頁的內容整理而成。

　　上表中所購入的鴉片基本上都是通過美國來進行的，而這部分鴉片大部分都提供給臺灣總督府專賣局。

　　以上 3518 箱的生鴉片，其具體的歸屬如下表：

	橫濱運出日	送出目的地	箱數
1	1919 年 8 月 22 日	臺灣專賣局	109
2	9 月 15 日	臺灣專賣局	7
3	10 月 15 日	內務省衛生實驗所	70
4	11 月 23 日	臺灣專賣局	158
5	11 月 7 日	內務省衛生實驗所	18
6	11 月 22 日	內務省衛生實驗所	56
7	12 月 25 日	內務省衛生實驗所	18
8	1920 年 1 月 21 日	臺灣專賣局	169
9	1 月 24 日	臺灣專賣局	127
10	2 月 23 日	臺灣專賣局	691
11	3 月 20 日	內務省衛生實驗所	3
12	6 月 15 日	內務省衛生實驗所	162
13	7 月 29 日	內務省衛生實驗所	39

14	8 月 20 日	臺灣專賣局	374
15	9 月 13 日	臺灣專賣局	474
16	9 月 17 日	臺灣專賣局	109
17	9 月 29 日	臺灣專賣局	26
18	11 月至次年 4 月	大連民政署	209
19	1921 年 1 月 11 日	青島民政署	1
20	1 月 31 日	內務省衛生實驗所	13
21	5 月 31 日	基隆稅關	702
22	10 月 21 日	基隆稅關	355
23	3 月 24 日	浦鹽	146
24	1922 年 2 月 9 日	浦鹽	97
25		不著	7
合　計			3518

*此表根據《阿片事件辯論速記錄》第 17～19 頁的內容整理而成。

　　在上記鴉片中，有 2244 箱的送達目的地為總督府專賣局。其中星製藥從中獲得的利益是十分巨大的。下表為 1916 年～1921 年日本進口之生鴉片的數量統計。

	土耳其產	波斯產	印度產
1916 年	37.45 公斤	13.95 公斤	
1917 年	498.15 公斤	354.15 公斤	1387.330 公斤
1918 年		4874.695 公斤	6168.935 公斤
1919 年	31133.55 公斤	10269.515 公斤	1271.225 公斤
1920 年	30371.85 公斤		
1921 年	11992.80 公斤 （包括從臺灣移入之土耳其產鴉片 1091.6 公斤）		
總　計	64.124.80 公斤	15512.590 公斤	8927.510 公斤

　　從上表分析來看，日本生鴉片的進口產地，從英國控制的印度轉向了土耳其。這其中與星製藥或許有著深刻的關係，所以星一才會向內務省上書，要求生鴉片全部從土耳其進口。

　　下表為 1921 年日本進口生鴉片的統計表：

種　類	數　量	輸出港口	輸入港口
土耳其產	1563.5 公斤	紐約	橫濱
土耳其產	2103.7 公斤	波士頓	橫濱
土耳其產	2172.1 公斤	波士頓	橫濱
土耳其產	1988.1 公斤	紐約	橫濱
土耳其產	697.5 公斤	馬薩諸塞	橫濱
土耳其產	2376.3 公斤	馬薩諸塞	橫濱
總　計	10901.2 公斤		
另外還從橫濱港入臺灣移入之土耳其產鴉片 1091.6 公斤。			

*此表根據日本公文書館所藏之《阿片委員會／阿片年報　第一卷》（B06150843500）
內容整理而成。

從上表來看，1921 年進口的生鴉片，全部來自土耳其，而且中間人是
美國。除上述記載外，日本的「鴉片年報」還記載為製造嗎啡、海洛因及可
卡因所進口的鴉片 14165.619 公斤；醫藥用鴉片製造所使用的鴉片 1338.447
公斤；其他製劑所需用的鴉片 218.659 公斤。這裡非常值得我們注意的是，
來自土耳其的都是生鴉片，而所謂的醫藥用鴉片，是不是單純指粗製嗎啡，
筆者無從知道。如果從內務省修改的「鴉片法」中所使用的「藥用鴉片」可
能是指「粗製嗎啡」，那麼進口的醫藥用鴉片是什麼，非常值得研究。即使
其進口的醫藥用鴉片是粗製鴉片的話，也足以說明日本政府製藥毒品所需
要原狀之巨大。

星製藥因製造鹽酸嗎啡獲得了巨大的利益，並獲得了長足的發展，這引
發了同業者的妒忌。1917 年 7 月，大日本製藥株式會社、三共株式會社及內
國株式會社，向內務省衛生局嗎啡申請製造權。當時後藤新平任內務大臣，
不得已命衛生局修改鴉片法，加上「製藥用鴉片下放權」，並將嗎啡製造法下
放給這三家企業。

1917 年 8 月，內務省公布省令第六號，從是年 10 月開始，將製藥用鴉
片指定給大日本製藥株式會社、三共株式會社、內國株式會社及星製藥這四
家企業來生產嗎啡類麻醉品。內務省衛生局除提供嗎啡製造法外，還從政府
預算中撥出費用來給各企業以購買生產鴉片原料。日本政府計劃每年進口鴉
片 45,000 磅提供給嗎啡製造商，其中星製藥、大日本及三共每家獲得提供嗎

啡原料 15000 磅，內國獲得 2000 磅。〔註22〕

　　大日本、三共及內國都取得了嗎啡製造法後，為了爭取到更多的嗎啡製造原料，1917 年向臺灣總督府提出希望得到臺灣專賣局粗製嗎啡，但並沒有得到總督府的回應。

　　1919 年，上述三家公司再次從內務省著手，由內務省次官小橋一夫召集臺灣總督府專賣局長賀來開會，想讓總督府將粗製嗎啡分給這三家公司一部分。但賀來以星製藥在創始時就已經投入許多資金及精力為由，拒絕了小橋的請求。〔註23〕

　　賀來局長之所以有這樣堅決的態度，可能與時任總督的明石元二郎有關。在明石出任總督之際，總督府粗製嗎啡原料的供應已經提交到議會進行了討論，甚至還有眾議院議員及記者來尋求分享權利的可能性。星一為此專門去拜訪了明石元二郎，向其表示星製藥公司能有今天的特權，完全是早前不惜投下鉅資進行開發，讓嗎啡國產化，對國家有貢獻，這種心力，豈能任由外人奪去之理。〔註24〕或許明石認為有道理，也許是顧及星一與後藤的關係，故總督府一直只將粗製嗎啡轉給星製藥。因為臺灣總督在臺灣擁有絕對的權力，日本國內對此也無可奈何，故星製藥一直把持著總督府專賣局的粗製嗎啡。

四、臺灣鴉片事件的爆發

　　「所謂臺灣鴉片事件」是指 1925 年臺灣總督府檢察當局以違反「臺灣鴉片令」的罪名，起訴「星製藥公司」的社長星一、原星製藥臺灣辦事處的監督木村謙吉、運輸鴉片業者（山陰運輸株式會社）關戶信次等三人的事件，便是著名的「臺灣鴉片事件」。

　　「臺灣鴉片事件」中的犯罪事實是：「星製藥株式會社所有的土耳其鴉片 702 箱（86711 斤）由八雲丸運輸，於 1921 年 6 月 14 日由基隆入港，20 日全部入庫於臺灣倉庫株式會社基隆私設保稅倉庫。相同的鴉片 8 箱（920 斤），由佐賀丸運輸，於同年 10 月 5 日由基隆入港；相同的鴉片 347 箱（44654 斤），由雲南丸運輸，於同年 11 月 1 日入港，同月 5 日，上記二項

〔註22〕（日）星一，《阿片事件》，星製藥會社，1926 年，第 12～13 頁。
〔註23〕劉碧蓉，《日本殖民體制下星製藥會社的政商關係》，第 101 頁
〔註24〕劉碧蓉，《日本殖民體制下星製藥會社的政商關係》，第 56 頁

之 355 箱鴉片入庫於前記倉庫。前 702 箱鴉片的入庫申請人為星製藥株式公司臺灣出張所代理人林清波，另外 355 箱的入庫申請人為平井正已。」〔註 25〕

上記入庫的鴉片，星製藥是怎麼樣處理的？其出庫事實記載為「前記鴉片 1057 箱中的 1039 箱，於 1922 年 6 月 16 日至 1923 年 4 月 20 日期間，分十五次，以星製藥株式會社出張所代理人平井正已的名義，押回到「浦鹽斯德」，剩下的 18 箱仍以平井正已的名義，運送到橫濱。」〔註 26〕其具體時間及方式如下表：

押回到浦鹽斯德的鴉片出庫表			
年 月 日	箱 數	重量（斤）	運輸船名
1922 年 6 月 16 日	200	24,030.40	第十雲海號
7 月 6 日	57	7,129.50	
7 月 26 日	160	19,852.07	增穗丸
9 月 7 日	50	6,246.75	平榮丸
9 月 23 日	50	6,246.75	平勝丸
10 月 3 日	53	6,523.38	鳳成丸
10 月 4 日	50	6,675.88	順利丸
10 月 23 日	70	8,600.68	伏見丸
12 月 20 日	60	7,335.10	神榮丸
12 月 21 日	50	6,121.59	振華丸
1923 年 1 月 9 日	30	4,005.500	神榮丸
3 月 24 日	48	6,341.26	第七萬榮丸（東利）
4 月 5 日	52	6,869.35	第九萬榮丸
4 月 18 日	78	9,926.721	神榮丸
4 月 20 日	31	3,998.17	振華丸
總計	1,309	129,894.90	
運送到橫濱的鴉片出庫情況表			
年月日	箱 數	重量（斤）	運輸船名
1923 年 5 月 14 日	18	2,391.350	湖南丸

*此表根據《阿片事件辯論速記錄》第 1～4 頁的內容整理而成。

〔註 25〕（日）《阿片事件辯論速記錄》，臺灣圖書館影印製作，昭和十七年，第 1 頁。
〔註 26〕（日）《阿片事件辯論速記錄》，臺灣圖書館影印製作，昭和十七年，第 3 頁。

　　以上為鴉片的出庫記載，這些出庫的鴉片之後的命運從下表中看出一些端倪。

　　上記 1057 箱鴉片的交易的種類及裝運關係一覽表：

1922 年（大正十一年）年 4 月 4 日關戶信次為提交鴉片從東京出發，18 日到達臺北						
交易番號	裝運月日	買主	箱數	裝運船名	契約地	備注
第一	6 月 16 日	郭天和	200	雲海丸號	東京	
第二	7 月 7 日	丸尾	57	阿姆哈斯	東京	
第三之一	7 月 26 日	中澤	160	增穗丸	東京	
此間關戶回東京，後再渡臺、8 月 29 日乘坐亞米利加丸到達基隆						
第四	9 月 7 日	陳止潤	50	第八平榮丸	東京	
第五	9 月 22 日	曾仁村	50	平勝丸	東京	
第六	10 月 3 日	黃溪卿	53	風成丸	東京	
第七	10 月 4 日	梁國之？	50	順利丸		
第三之二	10 月 23 日	中澤	70	伏見丸	東京	
此間關戶於 11 月 16 日從基隆出發乘坐笠戶丸返回東京						
第八	12 月 20 日	姚土之	60	神榮丸	東京	
第九	12 月 21 日	林木土	50	振華丸	東京	
第十	次年 1 月 9 日	黃溪卿	30	神榮丸		
第十一	3 月 24 日	蘇嘉善	48	第七萬榮丸		
第十二	4 月 5 日	姚土之	52	第九萬榮丸		
第十三	4 月 18 日	蘇嘉善	78	神榮丸		
第十四	4 月 20 日	蔡海	31	振華丸		
	5 月 14 日	內務省衛生試驗所	18	湖南丸		此與本件沒有關係
總計			1057			

*此表根據《阿片事件辯論速記錄》第 33～34 頁的內容整理而成。

　　從上表中可以看出，從基隆出港的這部分鴉片，其買主基本上都是中國人，由於國際鴉片條約禁止將鴉片輸入中國，然而經這些中國人之手，將鴉片等再轉運到大連、上海等地，日本政府就可以免於遭到譴責。這種迂迴轉進的做法，既可達到輸入中國的目的，同時可以避國際輿論的譴責。〔註 27〕

〔註27〕　（日）《阿片事件の真相》（《臺灣南支南洋パンフレット》26，東京，拓殖通信社，1926，第 7 頁。

而引發「臺灣鴉片事件」的鴉片，即是自橫濱保稅倉庫移到基隆的這 1,057 箱鴉片。

1925 年 3 月，檢查官搜查了星製藥公司在臺北的事務所，5 月 15 日，東京地方法院檢事務又搜查了星製藥公司、星一的住宅及關戶信次的家，31 日，星一出席臺北地方法院之傳喚，一審「判決被告星一罰金 3,000 日元、關戶信次、木村謙吉各罰金 2,000 日元；另外追加罰金 1,265,920 日元。」〔註 28〕

此事件並沒有因此結束，後經過二審，最終在翌年 9 月 14 日的第三審中，因事涉保稅倉庫與物品運送儲存問題而判處罪名不成立，其理由為：被告等所為，已取得內務大藏省及臺灣當局和相關官員的瞭解，以正當的理由多入鴉片，並不是秘密行為。〔註 29〕

雖然星製藥最後被判無罪，但沒有否認檢察官起訴星製藥走私鴉片的事實。而星製藥所涉及的鴉片事件，便是在星一自鳴得意的日本、美國、土耳其三角（運銷、決算）聯盟下，購買超過數量的鴉片而產生的。〔註 30〕

下表為 1921 年日本嗎啡製造統計表：

所在地	製造所名	使用種類	使用鴉片數量	嗎啡含有量	嗎啡換算量
東京	星製藥	土耳其產	3837.374 公斤	12%	527.333 公斤
東京	三共	土耳其產	4529.230 公斤	14.5%	668.9222 公斤
東京	內國	土耳其產	218.695 公斤	12%	26.239 公斤
大阪	大日本	土耳其產	5799.015 公斤	12%	729.380 公斤
合　計			14384.278 公斤		1951.874 公斤
備註：星製藥另外還從臺灣移入粗製嗎啡進行鹽酸嗎啡及鹽酸海洛因的製造，其數量換算成嗎啡 5169.133 公斤。					

*此表根據日本公文書館所藏之《阿片委員會／阿片年報　第一卷》（JACAR：B0615 0843500）內容整理而成。

下表為 1921 年海洛因的製造表：

〔註 28〕　（日）《阿片事件辯論速記錄》，臺灣圖書館影印製作，昭和十七年，第 3 頁。

〔註 29〕　（日）《阿片事件辯論速記錄》，臺灣圖書館影印製作，昭和十七年，第 20 頁。

〔註 30〕　（日）星製藥株式會社，《阿片事件顛末》，星製藥株式會社，1926 年，第 210 頁。

所在地	製造工廠名	製造數量	嗎啡換算量
東京	星製藥	498.038 公斤	527.333 公斤
東京	三共	28.010 公斤	32.952 公斤
大阪	大日本	140.580 公斤	148.850 公斤
大阪	武田	4.000 公斤	4.235 公斤
大阪	鹽野	102.500 公斤	108.529 公斤
大孤	田邊	130.600 公斤	138.282 公斤
合計		903.728 公斤	960.181 公斤

*此表根據日本公文書館所藏之《阿片委員會／阿片年報　第一卷》(B06150843500)
內容整理而成。

下表為 1921 年日本可卡因的製造量表：

所在地	製造所名	製造數量
東京	江東製藥株式會社	1499.850 公斤
東京	星製藥株式會社	378.450 公斤
東京	三共株式會社	51.750 公斤
大阪	武田製藥株式會社	320.400 公斤
大阪	鹽野義商店（鹽野義製藥所）	74.250 公斤
合計		2324.700 公斤

*此表根據日本公文書館所藏之《阿片委員會／阿片年報　第一卷》(B06150843500)
內容整理而成。

　　從上表來看，星製藥雖然獨佔臺灣總督府專賣局的粗製嗎啡，但其他各
製藥廠所生產的諸如嗎啡、海洛因及可卡因的數量也不少，那麼何以星製藥
會被檢舉？

五、臺灣鴉片事件與日本政界的關係

　　星製藥每年都要進口大量的生鴉片等原料，進行嗎啡、海洛因及可卡因
等的製造，但為什麼會在 1925 年遭到檢舉，引發「臺灣鴉片事件」？根據
臺灣學者鍾淑敏的研究，認為其原因與日本國內政局有密切關聯：「第一、
憲政黨內閣為打擊對手，正以『人事一新』為名掃除舊勢力，星一與鈴木商
店的金子直吉一向被視為後藤新平的金庫，為打擊加藤高明首相長久以來
的政敵後藤新平，鴉片事件正好提供了一個良好的機會。第二、1921 年左

右星一因另外的瀆職事件被傳訊前後，關東州的鴉片特許商宏濟善堂有一大筆資金去向不明，據說這筆資金被用來捐獻給政友會，因為此事件，大連的民政署長中野有光與拓殖局長古賀廉造都遭起訴，引發世人對鴉片的關心。第三、在調查的過程中，賀來佐賀太郎與鴉片的秘密買賣有關的謠言滿天飛，由於賀來既曾任專賣局長、總督府總務長官，又是日本參加日內瓦國際鴉片會議的代表，這一傳言立即引發國際關注。第四、與加藤高明首相一起在貴族院『苦節十年』的伊澤多喜男就任臺灣總督後，即表示要對總督府的人事大行更革，特別是被認為『後藤色彩』最為濃厚的專賣局，被嚴厲地檢舉瀆職事件。」〔註31〕

星製藥雖在一戰後才與臺灣總督府專賣局因嗎啡產生密切關係，但其社長星一早在 1902 年就與時任臺灣總督府民政長官的後藤新平開始了密切的關係。

後藤新平本為醫生出身，曾任日本衛生局的局長，是臺灣鴉片政策的策劃與執行者。為了將鴉片變成臺灣總督府的專賣，1896 年日本編列預算 173 萬日元設立了「臺灣總督府製藥所」，後藤安排衛生局的手下加藤尚志為臺灣總督府民政局衛生課的課長兼製藥所的所長，又將衛生局的技師阿川光裕、山田寅之助及鷹崎遷三、渡邊學之等人派到臺灣，就任總督府民政部衛生課職員。其後又派遣山口五太郎、川島浪速、石本鑽太郎、青木喬、佐佐木安五郎、羽田五郎等人為巡察員，來監督管理臺灣各地鴉片專賣及吸食情況。這些人都參與到了臺灣的鴉片專賣實施活動中，積累了豐富的經驗，諸如石本鑽太郎、川島浪速，後期為滿洲等地的鴉片制度獻力，成為後藤新平後期整個殖民地鴉片政策的有力支持者。

後藤於 1898 年就任臺灣總督府民政長官之時，他的人脈已經控制了總督府製藥所。而他所主導的所謂「漸禁政策」中的鴉片專賣的收益，在日本統治臺灣最初的幾年中，穩定了臺灣經濟，幫助臺灣脫離日本財政的幫助獲得了財政獨立。同時，在鴉片收益不減反增的情況下，又使得表面上臺灣的吸食鴉片的人數大量減少。後藤因臺灣鴉片專賣制度的成功，在 1902 年獲得了明治天皇的「勳二等旭日獎章」。1906 年後藤傳任滿鐵總裁。後藤又將臺灣成

〔註31〕鍾淑敏，《臺灣總督府的對岸政策與鴉片問題》，臺灣省文獻委員會整理組編，《臺灣文獻史料整理研究學術研討會論文集》，臺灣省文獻委員會，2001 年，第 223～254 頁。

功的鴉片專賣制度，借助石本鎮太郎等人之手，成功轉移到中國東北。

1908 年，在桂太郎組閣後，後藤辭去滿鐵總裁，回到日本擔任內閣的遞信大臣並兼任鐵道院總裁。這樣後藤不但掌握了滿鐵的監督權，也負責全日本的鐵路鋪設的大權。由於日本政界本存在長州閥與政友會兩大勢力的矛盾，而屬於長州閥的後藤，無法忍受以原敬為代表的政友會對滿鐵人事的安排，後隨著第三次桂太郎的下臺，後藤辭官成為自由人。

而日本在中國東北的鴉片政策，主要是後藤依賴原臺灣的鴉片人脈的石本鎮太郎等人，石本因後藤的介紹加入到了星製藥株式會社，成為該會社的董事，來協助星製藥製造鴉片事宜。當時，星一因一戰對麻醉類藥品的急迫需求，認識到了諸如鹽酸嗎啡等生物鹼類的商品化對日本擴張的重要性。隨後，星一借助後藤、石本等關係，得到臺灣粗製嗎啡。

日本在關東廳的鴉片特許權最初是由中國人潘國忠來承辦的，後來後藤新平將之收歸到關東都督府，並任命石本為特許專辦，1915 年又將特許權交給大連政署所在地的所謂的慈善機關「宏濟善堂」。

1919 年 2 月 14 日，《紐約時報》刊登一篇《譴責日本人走私》的報告，此報告引發了日本國內政黨間相互攻擊的話題。1921 年「宏濟善堂」又有一大筆資金來路不明，據傳是捐獻給政友會的政治獻金。當時關東廳民政署長中野有光及原敬內閣的拓殖長官古賀謙造都被起訴，後因古賀被判有罪，從而引發了人們對鴉片走私的關注。

後藤新平隨調任滿鐵總裁離開了臺灣，但後藤在臺灣的人脈得以繼存。佐久間總督之後，由安東貞美、明石元二郎接任，其民政長官則為內田嘉吉及下村宏。內田曾蒙後藤的提拔才擔任拓殖局的部門管理之職，而下村宏曾留學德國。可能說，不論總督還是民政長官都與後藤有著良好的關係。

故星製藥因「囤積」鴉片而被告發絕非單純的偶發事件。以星製藥與臺灣專賣局的關係，如果沒有有勢力的政黨的支持，伊澤多喜男總督或許沒有清查專賣局積弊的勇氣。而專賣局與星製藥另外的關係是通過專賣局高等官夫人們為會員的「臺灣婦人慈善會」。早在佐久間總督討伐臺灣蕃地之時，星製藥就於 1913 年提供 5500 包、1914 年提供 13000 個贈予藥品，提供給臺灣婦人慈善會，再由婦人會統一交給總督府。〔註32〕

〔註32〕《慰問品發送愛婦人會臺灣支部》，《臺灣日日新報》，1913 年 7 月 23 日第 7 版。轉引自劉碧蓉，《日本殖民體制下星製藥會社的政商關係》，第 114 頁。

　　星製藥之所以被揭發，與憲政黨的政策有密切關聯。臺灣鍾淑敏研究認為：「以星製藥與婦人慈善會、專賣局間的密切關係而言，事件被暴露的可能性極低。公司的董事安樂榮治就作了極清楚的說明。安樂是星一自留美時代以來的親友，他表示：『臺灣總督府的高等官之握有公司的股票，始於明治 45 年本公司募股以來，至今在股東名冊上仍然有其家屬的名字。』星製藥之所以獲得鴉片方面的特許，固然是後藤新平之斡旋，然而由專賣局官員與星製藥的密切關係來看，特權的獲得毋寧說是自然的。甚且，在星一爭取獲得總督府的嗎啡原料前，臺灣婦人慈善會從星製藥獲得 3,200 股股份（總額 3 萬圓），而專賣局的高等官也有 20 餘名列名於股東名冊。星一在與專賣局官員、與後藤新平派系密切關係下獲致巨大利益的同時，不可避免地引起同業的側目。在 1918 年召開的第 41 回帝國議會中，憲政會議員便為婦人慈善會持有星製藥股份一事，質問列席的下村宏民政長官。其後，婦人慈善會及總督府的高官們才不敢列名於股東名冊上，而改以家族名義持股。」〔註 33〕

　　臺灣的後藤新平人脈非常強大，在後藤離臺之後也得以延續成為主流派。及至安東貞美總督時期，由於吃冷飯的人所累積的不滿情緒，終於爆發了 1917 年 6 月的所謂「不正談合事件」，此事件對臺灣政財兩界都造成極度震撼。〔註 34〕星製藥之所以被檢舉，是因為星一與鈴木商店的金子直吉一向被視為後藤新平的金庫。憲政黨內閣為打擊加藤高明首相長久以來的政敵後藤新平，以「人事一新」為名掃除舊勢力，星一「囤積」鴉片也正好為其提供了一個良好藉口。

小　結

　　臺灣鴉片事件其起因雖為星製藥公司私賣鴉片，違反了臺灣鴉片令，但其實質即是由星製藥新式毒品嗎啡類的研製生產，其巨大利潤而引發日本內部製藥企業間競爭，從而將矛頭指向曾擔任臺灣總督府民政長官的後藤新平，引發日本政府內部各派系之間的鬥爭。這從另外的一個側面，反映了臺灣鴉片制度對日本內地政商界的影響。

〔註33〕 鍾淑敏，《殖民地官僚試論──以池田幸甚為例》，《臺灣學研究》第 10 期，2001 年 12 月，第 37 頁。

〔註34〕 鍾淑敏，《殖民地官僚試論──以池田幸甚為例》，《臺灣學研究》第 10 期，2001 年 12 月，第 39 頁。

第十二章　民眾黨及臺灣人民的
　　　　　鴉片反對運動

　　日據臺灣時期總督府的鴉片政策，是日本殖民榨取臺灣最顯著的特點之一。日本對其本國，早就發布禁煙令，並訂有刑典，與各國之間亦訂有禁止政府以外之鴉片輸入的條例。但在殖民地臺灣，卻以「仁慈恩典」為名，採取了「漸禁專賣制」。而臺灣人民自鴉片政策實施開始，就展開了大規模的反對運動。初期「飛鸞降筆會」的禁煙運動，以臺中縣為中心，很快擴展到南臺灣，使「總督府非常震驚，在臺南縣開始壓制，運動雖然最終被迫潰散，但此運動卻成為總督府專賣局官吏的夢魘。」〔註1〕此後，隨著臺灣民族民主運動性質的轉變，又出現了以民眾黨為中心，臺灣各界的反對鴉片新吸食特許運動。這兩次鴉片反對運動，在形式上各不相同，前者帶有著濃厚的宗教迷信性質，故很快被總督府鎮壓下去，而後者則運用現代醫學知識，並尋求國際聯盟的支持，因此，對總督府鴉片政策的影響，也更加顯著。由於受篇幅所限，本文只對後期民眾黨及臺灣人民的鴉片反對運動進行論述。

一、國際鴉片問題及總督府鴉片新特許令的出臺

　　甲午戰爭後，由於列強在中國劃分勢力範圍，使中國人民開始覺醒，變法自強成為社會潮流，禁煙運動也包括在其中。在清末新政時期，由於中國社會各階級普遍認識到禁煙的迫切性，因此禁煙呼聲再次高漲。同時國際社

〔註1〕　（日）《臺灣阿片專売制の展開過程》，《社會科學研究》第44卷第一號，早稻田大學アジア太平洋センタ，1898年9月30日，第1頁。

會也普遍認識到鴉片的危害性，不斷譴責英國對華鴉片貿易政策。

1877 年，一些長期居住在中國的各國傳教士，深深感受到其母國將鴉片大量輸入到中國，帶給中國人民的嚴重災難，這與他們所傳揚的宗教精神非常悖逆，所以他們公開在當時召開的外國教士大會中，呼籲各國停止對中國的鴉片輸入：「鴉片貿易雖非違法，……而實有害於中國。印度、英國及其他從事鴉片貿易之國家……使中國人士大夫產生一種懷疑恨惡的心理，而大為傳教之障礙。因此本大會深願迅速停止鴉片貿易……本大會……並當反對任何阻礙中國政府限制或禁止吸食與鴉片貿易之行為。」〔註2〕

迫於輿論的壓力，英國對華鴉片貿易政策也有所鬆動。清政府在國內外禁煙時機都已成熟的條件下，毅然發動了清末禁煙運動。

1906 年 9 月 20 日，清政府頒布禁煙上諭：「自鴉片煙弛禁以來，流毒幾遍中國，吸食之人，廢時失業、病身敗家。數十年來，日形貧弱，實由於此，言之可為痛恨。今朝廷銳意圖強，亟應申儆國人，咸知振拔，裨祛沉痼而蹈康和。著定限十年以內，將洋土藥之害一律革除淨盡。其應如何分別嚴禁吸食，並禁種罌粟之處，著政務處妥議章程具奏。」〔註3〕

此諭旨登載於邸抄，並轉載於各家報紙，清政府決心禁煙的消息很快傳遍國內外。同年，駐華的各國傳教士，為了支持清政府的新政，表示反對鴉片之決心，一千三百多名傳教士聯名，請中國政府加強禁煙政策。1907 年 1 月，更聯名發表致英國政府的公開信，直接指責鴉片貿易的不當，其主要內容如下：

一、英國將鴉片輸入中國的行動，將危及英國在中國的貿易，且使中國人心理上對英國臣民及英國勢力懷有甚深的敵意。

二、……以供給中國鴉片來謀求貿易上的利益，有損凤奉基督為尊的一大強國的顏面。

三、英國國民崇信，英國應與此世界共同之災禍斷絕關係，不再染指不淨之財，並以此為重要義務。〔註4〕

此時，英國經濟對鴉片貿易的依賴已經有所減弱，有一些議會議員也認

〔註2〕於恩德，《中國禁煙法令變遷史》，臺灣文海出版社，1973 年，第 118 頁。
〔註3〕朱壽朋，《光緒朝東華錄》（第五冊），中華書局，1984 年，第 5570 頁。
〔註4〕劉明修著，李明峻譯，《臺灣統治與鴉片問題》，前衛出版社，2008 年，第 139 頁。

　　為鴉片貿易有損於英國的名望，故而反對繼續對華輸出鴉片。迫於國內外壓力，英國政府改變了鴉片政策，於 1907 年與中國締結了《中英鴉片協定》。

　　美國也積極倡導在上海邀請有東方屬地的國家，舉行國際鴉片會議；「竟誠懇求凡在遠東有屬地之各國，對於其屬地內之煙店，如尚未施行斷然處置辦法者，及早仿行其他國家已採行之步驟而封閉之。」〔註5〕

　　在這樣的歷史背景下，1909 年 2 月，在中國上海召開了第一屆鴉片會議。會議中美國代表力陳鴉片毒害給各國人民帶來的災難，並提出除正當藥用目的以外，應絕對禁止鴉片的使用。而鴉片貿易最大國英國強烈反對，並將責任推給中國：「英國鴉片貿易存在的基礎，是因有消費國之故，因此關鍵在於消費國的自覺。」〔註6〕會議在美、英強烈對立下，通過了全文九條的「國際鴉片會議決議書」。〔註7〕會議的決議案雖無強制性，但還是對世界產生了很大的影響。

　　此後，國際社會於 1911 年 12 月 1 日、1913 年 7 月 1 日、1914 年 6 月 15 日，在海牙分別召開了三次國際鴉片會議，成立了國際鴉片諮詢委員會，並規定各締約國每年須向國際聯盟提出統計年報，以掌握世界鴉片及毒品製造、分配、消費的情況，並察知各國取締鴉片的大致情形。而在這幾次鴉片會議上，日本與英國都成為各國批判的對象。日本外務省對此曾記錄如下：「我帝國在鴉片問題上，向來立於極端不利的地位，被宣傳為屢使中國鴉片泛濫的主因。」〔註8〕

　　日本為了挽回自己的國際聲望，洗刷前幾次在鴉片會議上的污名，在 1924 年 11 月 4 日日內瓦召開的國際鴉片會議上，派出了強大陣營的代表團，其中曾任臺灣總督府專賣局局長的賀來佐賀，也將自己撰寫的《日本帝國鴉片政策》一書，分送給各國代表。

　　該書從日本幕末採取鴉片嚴禁政策開始，著重論及在臺灣所實施的鴉片漸禁政策，認為臺灣之專賣制度，基本已經達到漸禁之目的：「臺灣以明治四十一年以後，爾來未當新予認可，而此等癮者數已漸次遞減，不但不污者而犯禁者也在減少，內地人固不待言，年輕臺灣人亦已全無此習癖所困。以

〔註5〕於恩德，《中國禁煙法令變遷史》，第 119 頁。
〔註6〕（日）《華盛頓會議參考資料第一號阿片問題》，JACAR：B06150945500。
〔註7〕（日）《阿片二關スル條約及決議集》，日本外務省條約局，昭和十二年，第 1～6 頁。
〔註8〕（日）《阿片會議の解說》，國際連盟國協會，大正十四年，第 30 頁。

此趨勢不久之將來，當可如所預期行見癮者絕跡。」〔註9〕

　　日本此舉，雖緩解了委員們對臺灣鴉片制度的批評，但並沒有改變對日本人參與中國鴉片走私販賣的指責。日本為了擺脫困境，開始謀劃對臺灣鴉片制度進行修正，以示自己為負責任的國家，來提高國際形象與地位，故提出「對臺灣的鴉片制度，可考慮修改為不違反條約的樣式。」〔註10〕

　　日本為什麼有這樣的想法？劉明修的研究認為：「慮及當時鴉片收入只占臺灣歲入的 3.7%，與以前相比實降低不少，所以日本政府才會做出此種決定。」〔註11〕筆者並不認同劉明修的觀點。

　　下表為鴉片特許吸食人數、各年製造煙膏的價格、鴉片專賣收入的對比表：

年　限	特許吸食者人數計	各年煙膏價格計	各年鴉片專賣收入計
1897	54,597	1,539,776.034	1,640,213.276
1898	95,449	3,438,834.167	3,467,334.089
1899	130,962	4,222,224.170	4,249,577.595
1900	169,064	4,234,843.005	4,234,979.565
1901	157,619	2,804,141.340	2,804,894.264
1902	143,492	3,008,386.015	3,008,488.015
1903	132,903	3,619,217.020	3,620,335.900
1904	137,952	3,714,211.405	3,714,012.995
1905	130,476	4,206,524.255	4,205,830.595
1906	121,330	4,395,496.505	4,433,862.705
1907	113,165	4,461,485.595	4,468,514.730
1908	119,991	4,614,871.765	4,611,913.620
1909	109,955	4,671,282.035	4,667,399（元）以下同
1910	98,987	4,844,533.755	4,674,343
1911	92,975	5,501,448.595	5,501,548
1912	87,371	5,262,605.795	5,262,685
1913	82,128	5,289,495.310	5,289,595
1914	76,995	5,226,437.580	5,226,496
1915	71,715	5,676,874.602	5,870,408

〔註9〕　（日）《阿片會議の解說》，第32頁。
〔註10〕　（日）《華盛頓會議參考資料第一號阿片問題》，JACAR：B06150945500。
〔註11〕　劉明修著，李明峻譯，《臺灣統治與鴉片問題》，第171頁。

1916	66,847	6,159,450.486	7,132,520
1917	62,317	6,694,998.660	7,970,107
1918	55,772	6,650,764.281	8,105,278
1919	54,365	6,947,322.249	7,641,654
1920	49,013	6,721,647.660	6,719,958
1921	45,832	6,001,680.510	7,533,625
1922	42,923	5,449,345.440	6,440,441

*此表根據日本國立公文書館所藏「臺灣總督府統計書」第1～25回之鴉片、財政相
關內容整理而成。具體檔號為 A06031501500、A06031501600、A06031501700、
A06031501800、A06031501900、A06031502000、A06031502100、A06031502200、
A06031502300、A06031502400、A06031502500、A06031502600、A06031502700、
A06031502800、A06031502900、A06031503000、A06031503100、A06031503200、
A06031503300、A06031500100、A06031500200、A06031500300、A06031500400、
A06031500500、A06031500600。從第十三回統計書（A06031502700）開始，鴉片收
入以元為單位。

　　根據上表分析來看，自 1897 年鴉片專賣制度實施以來，除 1901 年因
降筆會的影響，鴉片收入較前相比有所降低，其後逐年遞增，鴉片專賣已經
成為總督府的重要財政手段之一。特別是進入大正之後，總督府將鴉片煙
膏秘密外銷，同時生產粗製嗎啡、海洛因等毒品，使得臺灣鴉片收入更上一
層樓。當然由於總督府的經營，臺灣各項事業基本步入正軌，鴉片收入在財
政上的意義，較日本據臺初期的前十年，確實是有所降低，但這並不是修改
鴉片制度最重要的動機。

　　筆者認為，日本在第一次世界大戰後，其國力達到前所未有的程度，為
了實現其更遠大的戰略目標，首先必須提高國家的國際威信，因此考慮將
臺灣的鴉片專賣制度，進行小幅度的修正，使之符合日內瓦第一鴉片條約
的規定，這樣日本即可擺脫在鴉片會議上的窘境，又可獲得國際社會的好
評，故日本積極地參與該次會議的國際鴉片條約，並簽署了「在人道之基
礎，且為增進各國民之社會的及道德的福祉，為迅速達成禁止使用及吸食
之鴉片起見，盡一切手段予以執行。」〔註 12〕的協定，並主動邀請國際聯
盟調查員，到日本等地進行調查觀光，以期「收買」調查人員。

〔註12〕　（日）《華盛頓會議參考資料第一號阿片問題》，JACAR：B06150945500。

　　日本在 1924 年日內瓦國際鴉片會議中簽訂的條約，對其殖民地臺灣具有直接的效力。由於其將在 1928 年 12 月 28 日起生效，故總督府在其生效之時，不能對此置若罔聞。為絕世人之口，又不打破「漸禁主義」政策，以禁絕為煙幕，對舊的「阿片令」進行了再修正。

　　總督府於 1928 年 12 月 28 日，以律令第三號，公布了修訂後的「新阿片令」。其中最重要的變動為，第四條第三項加入：「輸往臺灣以外地區之生鴉片或藥用鴉片，若具備輸入國政府之輸入證明書，且獲認定無不正當使用之虞者，將准其在臺轉運或取道臺灣。」第七條前半，修改為：「鴉片煙灰除為政府收購外，不得買賣、授與及持有。」第八條修改為：「不得開設或經營鴉片煙館。」第十條修改為：「臺灣總督府為矯正鴉片煙膏吸食者之習癖，得施行必要之處分。處分上所需之費用負擔，依相關規定辦理。」〔註 13〕

　　新修訂的「阿片令」在原則上規定「不准吸食鴉片」，並禁止開設阿片煙館，這意味著臺灣將要關閉所有的鴉片煙館。如果單純從字面上看，這比較舊的「阿片令」確實有相當的進步。但在新「阿片令」第二條「不准吸食鴉片」下，卻有一項說明：「但本令施行前之阿片癮者、由總督特許吸食而吸食、政府發售之阿片煙膏者不在此限。」〔註 14〕

　　分析這項說明即可看出，新修正的「鴉片令」，具有明顯的裝飾性，對已經持有牌照的吸食者，實際的影響並不大，仍舊可以照章購買吸食，而對少數依靠購買走私鴉片煙者，更無大礙。而總督府的真意，在於借助「新阿片令」網羅新的吸食者，這樣即保證經濟上收入的穩定，也可對國際鴉片會議有所交待。但此「新鴉片令」頒布後，臺灣各地的申請反映冷淡，連總督府官方報紙，也以《無端的誤解使申請阿片吸食新特許幾近停滯》〔註 15〕為題進行報導。

　　為了先期讓民眾瞭解總督府的新鴉片政策，1928 年 12 月 18 日，石井警務局長發表新特許方針的聲明，其內容如下：

　　　　即日施行改正阿片令之要旨，在於明瞭對改正令施行前之癮者，限於不得已而許其吸食者外，其他一般人絕對不許吸食之精神，

〔註 13〕　（日）《臺灣阿片令改正律令案》，JACAR：A01200587400。
〔註 14〕　（日）《臺灣阿片令改正律令案》，JACAR：A01200587400。
〔註 15〕　（日）《飛んでもない誤解から出願を渋って居る阿片吸飲新特許令》、《臺灣日日新報》，昭和四年十二月五號。

對於密吸食之違反者，廢止向來之選擇刑（可以罰金代替）而得以懲役，如有必要，亦可用行政處分矯正其癮癖，以此方策絕對防止癮癖之傳播，一俟改正令施行前之癮者絕滅，以達成本制度之目的。

然而細察阿片密吸食交易違反等事實，現吸食特許者以外，仍有不少癮者之潛在，乃係不難想像之事實。對現已陷入病之習慣此等多數癮者，臨以改正令下之嚴刑，不但人道上有所不忍，亦非本制度之意願，事實上僅依刑罰之效果，以期矯正此等全部癮者，實屬不可能，欲肯執行矯正處分之方法，而網羅癮者亦有困難自不待言。但如若放任此等癮者之自然絕滅，對於久有光輝之本制度，不無遺留暗影之虞，斷不可行，為一掃闇翳，符合本制度宗旨起見，改正令對從前之特許者以外，同令施行前之癮者特許其吸食之精神，亦不外欲善處此間之事情也。

茲際改正令施行之機，調查施行前之癮者，對於不得已吸食者特許其吸食，對於年少而癮較輕者，因特許之結果，反有遲延其禁斷之期者，則使其在各地方之官立醫院，受矯正治療，以資救癮而速其斷禁。希各位以當局之意為諒，使一般周知，凡密吸食癮者，此際自動聲請吸食之特許，或作矯正治療為要。又改正令所規定之同令施行前癮者，係以今次調查認定為癮者限，是故今後絕無再有特許吸食之機會，此點希加注意。為享樂而吸食者，雖經呈請，亦必加以排除，但真正癮者，則希能無遺漏報名聲請，俾能完全網羅，切望報界賜與幫忙為幸。〔註16〕

從石井的特許說明中可以看出，總督府明確知道存在著大量的密吸食者，也承認存在著鴉片的秘密交易。另外，從石井在此後所做的《警務局長關於鴉片令改正所做的說明》〔註17〕中，也再次印證了總督府鴉片政策中存在的盲點。

另外，資料也證明，即使不吸食鴉片者，也可申領到鴉片吸食特許牌照。著名民權運動領袖林獻堂，也申領了鴉片特許牌照：「十一時余命成龍持煙牌繳還派出所，因素日前，《臺日》報紙攻擊民眾黨反對上回之將發煙

〔註16〕《密吸（食）者許其吸食》，《臺灣日日新報》，昭和四年十二月十九日。
〔註17〕（日）《阿片令改正に関する警務局長說明》，《詔敕·令旨·諭告·訓達類纂》，臺灣總督府，1941年，第590頁。

牌，而汝黨的領袖林某亦有吸食，可見斷禁之難也。余有牌，實未嘗吸食，徒留此以損名譽，乃決心繳還。」〔註18〕

從林獻堂日記內容來看，即使林家沒有人吸食鴉片，卻也可獲得吸食牌照，故早期鴉片特許申領之時，可能存在著牌照濫發的現象。這也說明總督府鴉片專賣制度中，存在著很大的漏洞。而臺灣的鴉片進口，全部由總督府所壟斷，吸食所用的鴉片煙膏，也由臺灣製藥所製造，那麼鴉片秘密交易的存在，吸食特許牌照的泛濫，都表明總督府鴉片政策中的經濟價值取向。

「新特許令」公布後的次年 1 月 8 日，總督府又公布了「臺灣阿片令施行細則」。由此次新特許而報名的新吸食者，多達 25000 人。根據「臺灣阿片令施行細則」規定，新特許之申請，自 1929 年 1 月 9 日起，至同年 12 月 28 日截止，新特許者經調查結果，受批准吸食者，於 1930 年 6 月發給新牌照。

特別是石井的公開聲明，使臺灣存在大量的密鴉片吸食者，這一事實昭告天下，而總督府不但沒有援引法律進行處罰，還允許申請新的吸食特許牌照，其利用漸禁制度，專事謀取鴉片收益的目的昭然若揭。

石井的新特許聲明，暴露了總督府鴉片政策的諸多破綻，而高達二萬五千人的新吸食特許申請，使臺灣民眾對鴉片漸禁政策之實質，有了更加清醒的認識，引起以民眾黨為首的臺灣人民巨大的反對聲浪。

二、臺灣民眾黨的鴉片反對運動

日本在其本土嚴格禁止鴉片煙的吸食，而對殖民地臺灣，卻以「漸禁」為藉口，實施鴉片專賣制度。這種民族差別待遇，在日本據臺初期，臺灣人民就以降筆會的形式，進行了大規模的反對運動，而伴隨著新的民族民主運動的轉型，鴉片專賣制度也必然成為其批判的對象。

自 1921 年開始的臺灣議會設置請願運動，是以民族民主運動的方式，向日本殖民統治者爭取基本權力，其中自然涉及到總督府的鴉片政策。1923年，當「臺灣議會設置請願運動」在蔣渭水等人的推動下，發展成為「臺灣議會期成同盟會」時，總督府驚恐萬狀，以違反《治安警察法》為由，進行全臺的大檢舉，製造了歷史上有名的「治警事件」〔註19〕。

〔註18〕林獻堂著，《灌園先生日記》（三），中央研究院臺灣史研究所籌備處，2001 年，第 65 頁。

〔註19〕治警事件，即治安警察法違反檢舉事件的簡稱，發生於 1923 年 12 月 16 日。第二次臺灣議會設置請願運動之後，蔣渭水等人深感結社的重要，遂於請願

在此事件審判中，蔡培火以臺灣民眾的立場，在法庭上對日本在臺的鴉片政策，進行了無情的揭露；「總督府對同化政策或自己聲明的政策，全無誠意執行。譬如，鴉片問題，聲明採取漸禁主義，時至今日，吸煙人數卻沒有減少，無照的密吸全島到處都是，這豈不等於公開的欺騙！」[註20]

在臺灣設置請願第六運動的籌備理由書中，也特別地加上批判臺灣鴉片政策的部分：「為圖每年 600 萬元之鴉片專賣收入，竟不恤以國際所禁止之鴉片毒害消耗臺人的心身，漠視國際之道義。」[註21]

1927 年 7 月成立的臺灣民眾黨，是以民族運動形式，公開反對臺灣鴉片專賣制度的政黨，在其政綱「臺政改革的建議」第八條「嚴禁鴉片」中，明確向政府提出：「在今日的文明國已有禁酒的國家，臺灣改隸以來已閱三十餘年，竟仍公然准許吸食比酒有幾十倍毒害之鴉片，實係人道上之重大問題，且為文明國之一大恥辱。是故由文明國之體面抑或由國民保健上均應速予禁絕者也。」[註22]

1929 年 7 月，該黨向首相濱口及松田拓務大臣提出的「臺灣政治改革建議書」中，嚴禁鴉片吸食也成為其重要的項目。

另外，9 月，對來臺繼任的新總督石冢所提出的「臺政改革建議書」中，也將「嚴禁鴉片」列入其中：「在今日之文明國已有禁酒之國家，日本統治臺灣以來，已經閱卅餘年，竟仍公然准許吸食比酒有數十倍毒害之鴉片，實

運動進行到第三次時，組織臺灣議會期成同盟會。1923 年 1 月 30 日，在臺的蔣渭水、蔡培火等人向臺北州警察署提出成立臺灣議會期成同盟會的結社組織申請，但是，2 月 2 日結社時旋即遭到禁止，隨後，活動移到東京，2 月 21 日臺灣議會期成同盟會在東京重新成立。後日本當局檢舉臺灣議會期成同盟會會員，12 月 16 日在總督府警務局的主導下，以違反《治安警察法》為由，全臺除花蓮、臺東、澎湖外，同日同時展開大檢舉，結果逮捕 41 人、傳訊 58 人，共有 99 人遭受迫害，其中有 18 人遭受起訴。1924 年一審判決，被告全數無罪。然而檢察官三好一八不服提出上訴，10 月 29 日二審，蔣渭水等 13 人被判有罪，被告隨即提出上訴。1925 年 2 月 20 日三審宣判，維持二審宣判。最後蔣渭水、蔡培火被判四個月徒刑；包含臺灣議會期成同盟會及上海臺灣青年會等組織成員蔡惠如、林呈祿、石煥長、林幼春、陳逢源被判三個月徒刑，其餘 6 人被判罰金 100 圓，歷史上稱為「《治安警察法》違反檢舉事件」，即一般所稱的「治警事件」。http://zh.wikipedia.org/zh-tw/

[註20] 葉榮鐘著，《日據下臺灣政治社會運動史》（上），晨星出版，2000 年，第 270 頁。
[註21] 葉榮鐘著，《日據下臺灣政治社會運動史》（上），第 145 頁。
[註22] 葉榮鐘著，《日據下臺灣政治社會運動史》（下），第 445 頁。

為人道之重大問題，且為文明國之一大恥辱。是故由文明國之體面抑或由國家之保健上均應速予禁絕。」〔註23〕

1929年9月，臺灣民眾黨領袖蔣渭水的醫學校同學及密友，臺灣人第一位醫學博士杜聰明，向臺灣總督府提出「設置鴉片治療醫院建議書」。杜聰明年輕時就已經開始注意臺灣的鴉片問題。23歲時，他在京都大學藥理學教室進行醫學研究時，就曾經向其指導老師森島教授提議，想要進行鴉片相關研究，但未獲得森島老師的同意。自1926年不得不代表總督府出席世界麻藥教育大會後，更致力於鴉片的藥理研究。

他返臺後不久，即成立了自己的藥理研究室，開始盡力於研究鴉片禁止上的藥理諸問題。這次他提出：「據報導本年3月25日國際聯盟第34回理事會已同意調查遠東鴉片吸食問題……朝鮮已於昭和2年（1927）開始設立解癮收容所十個。大連市也有關東廳設的救療所，中國各地已有許多完備的戒煙院……而臺灣鴉片問題最受國內外注意……而今在實行漸禁制度的臺灣，卻無實驗治療的機關，殊為遺憾！」〔註24〕

當時杜聰明博士已經通過研究，在藥理學上獲得戒除鴉片的實踐經驗，且對鴉片癮者的治療有相當的信心，因而向總督府提出設置鴉片癮者治療醫院，主張對鴉片吸食者採取醫學上的治療，以期完全矯治。〔註25〕

臺灣民眾黨的領袖蔣渭水受杜聰明影響，深知鴉片完全可以利用現在醫學進行戒除。故在1929年12月18日總督府「新鴉片特許方針」聲明發表後，開始策劃進行大規模的反對運動。

首先、向日本拓務大臣發電報

民眾黨首先將反對意見直接發電報給日本拓務大臣，陳述本黨的反對意見：「臺灣政府新特許鴉片癮者，使很多臺灣人陷於毒害之中，這不僅僅是人道上的問題，更有損於帝國的名譽，切望早日斷然實行嚴禁。」〔註26〕

其次、向島內日刊報紙投稿反對鴉片吸食特許

20日，民眾黨即向島內各大日刊報紙投稿：「吾黨站在人道立場，為打倒

〔註23〕《臺灣社會運動史》第二冊，海峽學術出版社，2006年，第209頁。
〔註24〕《杜聰明言論集》第二集，杜聰明博士還曆紀念獎學基金管理委員會，1955年，第194～196頁。
〔註25〕杜聰明著，《回憶錄》，龍文出版社，1989年，第124頁。
〔註26〕（日）《阿片吸食特許及矯正處分に関する民情》，臺灣總督府，昭和五年，第4頁。

不可忽視的毒害人民的鴉片制度，素盡全力，然而當局卻於最近重新發下吸食許可。作為阻止運動之一環。曾經呈上抗議書與拓殖大臣。另外對總督府亦呈上同樣抗議書。茲決定於同月 22 日在全島各地同時舉辦反對鴉片政策演說會。」〔註27〕

第三、給日本內地報紙打電報

21 日，民眾黨又拍電報給大阪每日、時事國民、萬朝報、東京日日新等報社，明確提出「鴉片問題在臺灣統治上及國際觀瞻上極不適宜，臺灣民眾黨表示反對。」〔註28〕

第四、向警務局長提交抗議文

民眾黨在進行一系列抗議的同時，還要求臺灣總督府取消其聲明，並於22 日向警務局長直接提交了抗議文，其內容如下：

> 在臺灣的鴉片公賣與吸食許可，和在葡領澳門徵稅而准許賭博之榨取政策，同出一轍。均係遺留污名與罪惡於人類歷史上者。雖然自明治四十一年以來，臺灣政府已放棄鴉片吸食之特許。但放任密吸食者而不取締，藉以消極防止公賣收入之減少。在昭和之今日，尤其是緊縮內閣之時代，此等超奢侈品之鴉片公然重新准許其吸食，實係無法瞭解之怪事。此舉不但是人道上之大問題，且係違悖國際信義。是故吾黨對臺灣當局推行此一卑劣之政策，表明最大之遺憾與絕對之反對。

> 按閣下在聲明書中謂『對此等秘密吸食者臨以改正令下之嚴刑於人道之基礎上認有未便』偽裝出自慈悲心之處置，事實純係掩飾收入主義的藉辭。蓋准許其吸食，使其浪費金錢，毀損心身，較之改正令下之刑罰，不知道有幾十倍之殘酷。何況此種癮癖原可由醫療或自己之克制攝生可得治療者乎。實際上常見入獄之癮者自然的斷癮，出獄時身體豐滿者為數不少，然而改正令之嚴刑亦可視同一種強制治療。

> 聲明中又言『事實上僅依刑罰而期矯正此等全部癮者，實屬不可能，且欲全部執行矯正處分，亦有困難。』如此說法，若非自認

〔註27〕　《臺灣社會運動史》第二冊，海峽學術出版社，2006 年，第 198 頁。
〔註28〕　《臺灣社會運動史》第二冊，第 199 頁。

無能，便是一種遁詞而已。吾黨不信，能將匪徒消滅無遺，能將生番討伐淨盡，且能將任何微細之違法事件檢舉出來之警察萬能的臺灣政府，獨對（禁）鴉片（煙）無能為力。由此觀之，政府心地之不純與缺乏誠意昭然若揭。在彈丸孤島之臺灣，欲撲滅鴉片之吸食易如反掌，且亦不須臨之以嚴刑峻法。若規定一定之年限廢止製造鴉片，癮者知其非禁不可，是自然發生戒斷之決心，或就醫治療，或自己節制，以漸減之方法矯正。屆滿一定年限雖廢止鴉片之製造亦不至發生任何困難。一面對鴉片走私嚴加防遏，臺灣孤立海中此事甚易奏效。政府置此簡便之鴉片吸食消滅法不用，可見政府全無消滅之誠意，而反用各種理由以掩飾其貪圖公賣收益之用心。政府一面格於國際聯盟絕對禁止之條約，不得不用嚴罰制度以資粉飾，一面又推行新特許制度以圖增加公賣的收入；緣此吾黨對總督府此種卑劣之政策，表示絕對反對，而對直接責任者之閣下嚴重抗議其非也。閣下果有一片愛護島民之誠心，則必須立即停止鴉片吸食之新特許，我當披瀝忠誠特為勸告。〔註29〕

從民眾黨的抗議文內容分析來看，該黨認為鴉片對人體有害，使國民元氣大失。日本國內嚴格禁止吸食，卻以密吸者一時無法網羅為藉口，在臺灣一再允許新的吸食者，故總督府只將鴉片吸食，作為一種財政收入的手段，這嚴重違反國際正義，更使日本有失國際信義。同時，民眾黨也提出自己的處理方式，即是在短期內停止鴉片的製造與發售，對聲請特許者全部給予治療。民眾黨調查認為，臺灣當時有醫師人數為 1,118 人，新特許申請人為 25,527 人，一位醫師只須負擔 23 名矯正者，在治療上毫無問題。〔註30〕

第五、召開反對鴉片特許之演講會

民眾黨在 22 日還在臺北市有明街召開反對演講會，由張晴川、陳木榮、曾得志及江明標等同志，分別發表了《關於阿片吸食特許》、《金解禁與阿片》、《（內容無法辨認）阿片許可》、《阿片吸食是文明人的恥辱》等演說。另外，當日還在汐止、基隆、桃園等地的民眾黨支部，召開同題目之演講會。〔註31〕

〔註29〕《日據下臺灣政治社會運動史》（下），第頁 452～453。
〔註30〕《日據下臺灣政治社會運動史》（下），第頁 455。
〔註31〕（日）《阿片吸食特許及矯正處分に関する民情》，第 12 頁。

第六、打電報給國際聯盟

總督府當局對民眾黨的抗議置若罔聞，民眾黨人義憤填膺，把抗議文修改為聲明書，再次分送給日本各重要報社，並電報上海的「中華國民拒毒會」，要求聲援，並打電報給國際聯盟。

1930 年 1 月 2 日，民眾黨以四百萬臺灣人之名義，打電報將日本政府提告到國際聯盟本部，電文內容如下：「日本政府此次對臺灣人特許鴉片吸食，不但為人道上之問題，並且違背國際條約，對其政策之推行，希速採取阻止之法，四百萬臺灣人代表臺灣民眾黨。」〔註32〕

三、臺灣各界給予民眾黨的聲援

民眾黨於 1930 年 1 月 2 日給國聯發的控訴電報，馬上得到了回覆：「二日發寄國際聯盟的電報，於四日年前八時，已經確實配達了。」〔註33〕這個消息在 11 日的《臺灣民報》發表後，很快又傳來國際聯盟即將派員，到臺進行調查之消息。這些變化使一些秘密吸食者意識到，總督府的鴉片政策會有一個巨大的變化，以後可能不會再有新的特許，故一改冷清情況，申請者大量湧現，連「日日新報」都以《鴉片吸食申請意外之多》〔註34〕進行了報導，這使民眾黨領導的反對運動，開始向社會其他階層發展。

首先、民眾黨黨員蔡培火以個人身份，向總督府提出議案。

蔡培火，號峰山，雲林北港人。《臺灣民報》編輯兼發行人，1923 年（大正 12 年）加入文化協會，協助推動「臺灣議會設置請願運動」。後曾因違反《治安警察法》遭逮捕，與蔣渭水一同被判刑四個月（治警事件）。1927 年文化協會分裂，與蔣渭水共同組建臺灣民眾黨。蔡培火於一月八日訪問石井警務局長，對於新特許當局之真意進行了質問，並提出如下消滅鴉片之方案：

第一案

一、組織官民合同審查會

　　（一）組織——官吏三分之一，民間三分之二，其中一半由醫
　　　　　師選任。

〔註32〕（日）《臺灣總督府員警沿革志》第二編，南天書局，1995 年，第 466 頁。
〔註33〕《民黨反對阿片發給國聯電報有回電已配達了》，《臺灣民報》，1929 年 1 月 11 日。
〔註34〕（日）《意外に多い阿片吸食屆》，《臺灣日日新報》，昭和 5 年 1 月 17 日。

（二）新特許固無論舊特許者亦一律由審查會審查決定是否准
予吸食。

一、不准新特許者，附與強制治療。

二、組織教化機關（解煙會），宣傳消滅鴉片。

第二案

一、聲明禁絕年限（最長不超過十年）。

二、十年間第一年減少吸食量一成，俾能如期消滅。

三、由民間組織禁煙委員會，監督其實績並監視政府之鴉片製造與
發售。〔註35〕

　　從蔡培火的二案分析來看，有意讓民間組織滲透到鴉片審查委員會及監查機構，並不再允許新的吸食特許者，期望通過有計劃的教化，在十年間將鴉片完全禁絕。據說蔡氏希望第一案能夠實現，但在日本人獨攬大權的情況下，不可能讓臺灣人分享其行政權，故總督府兩案都不採擇。

　　其次，各地醫師公會的反對陳情。

　　民眾黨除組織黨內人員，以政黨組織及個人方式，來反對總督府的新鴉片許可外，也發動黨員中屬於各地方醫師公會的分子，利用醫生在臺灣社會特殊的地位，由內部促進各地方醫師團體的鴉片新吸食特許反對運動。醫師會站在專家的立場，其對鴉片的發言更為有力，對普通民眾也更有說服力，對於總督府的打擊更加沉重。

　　高雄醫師公會於 1929 年 12 月 22 日，向總督府提出陳情書：「本會認為，此次如在臺灣實施新鴉片吸食特許制度，將違反國際上人道上的道義，且從社會衛生事業上考察，也非常有害，在本制度實施之際，本會會員一致願聞政府有何特別解釋、怎麼樣實施。」〔註36〕

　　繼高雄醫師會後，臺南、嘉義、屏東、彰化等各地醫師會群起響應。

　　臺南醫師會首先於 1930 年 1 月 14 日，給總督府提出自己建議書，其內容如下：

一、給發新特許牌照，嚴限於由醫學立場上，非准許吸食鴉片必有
生命危險，戒煙絕對不可能者，譬如：

（一）密吸食者患有重症肺結核、喘息、糖尿病等痼疾者。

〔註35〕《日據下臺灣政治社會運動史》（下），第 460 頁。

〔註36〕（日）《阿片吸食特許及矯正處分に関する民情》，第 2 頁。

（二）高齡者而身體異常衰弱者。

不適合前記條件者，如若斷禁現象顯著者，全部送矯正所，進行強制治療。

二、對現已領有牌照者加以嚴格之檢查，除符合上述條件者以外，可以矯正解癮者悉令強制治療。

三、由政府設置公共鴉片吸食所，使持有牌照者在同所吸食，不准其在它處吸食，違者與密吸食同罪。

四、廢止鴉片承銷商、零售商與前舉公共鴉片吸食所同由政府直接經營之。〔註37〕

各地醫師會的建議書，基本都對總督府的新特許制度提出異意，並要求總督府盡快對吸食者實施矯正，並採取盡可能的措施，盡快實現鴉片吸食的斷絕。

值得注意的是，向總督府提出「設置鴉片治療醫院建議書」杜聰明博士所在的臺北醫師會，竟然沒有提出意見，令人不可思議。實際上臺北醫師會於 1 月 24 日召開了大會，提出建議書：「本會依照學術見解，認為若給予鴉片癮者適當之治療，並非不能治癒之症，今總督府又有新的吸食特許，這在保健衛生上非常有害，本會希望總督府宜加倍審慎處理。」〔註38〕並在建議理由書中，提出如下解決意見：

一、在各學校設置鴉片毒害相關科目。

二、為促成一般民眾的自覺，徹底宣傳鴉片毒害。

三、政府明確表明鴉片吸食特許制度的存續期限。

四、援助民間有志者的解癮會及解癮院。

五、增設更生院的同時，各官立醫院設戒煙專門科。

六、限定特許者一定年限，努力爭取治療戒除。

七、本醫師會將為鴉片的禁絕盡充分努力。〔註39〕

從以上內容上看，臺北醫師會提出了非常具體的建議，並願意為民眾戒除煙癮而盡自己的力量。此份建議書本預於 27 號提交給總督府，但由於臺

〔註37〕（日）《新阿片令に関し臺南醫師の建議》，《臺灣日日新報》，昭和 5 年 1 月 19 日。

〔註38〕（日）《阿片吸食特許及矯正處分に関する民情》，第 4 頁。

〔註39〕（日）《阿片吸食特許及矯正處分に関する民情》，第 5 頁。

北醫專校長堀內次雄認為,意見書的內容不妥:「鑒於反對蔣渭水的人日益增加,如若我醫師會提出建議案,將會認為我會為蔣渭水一派民進黨之爪牙。」〔註40〕由於堀內出面勸解,有礙於師生情面,醫師會以十六對三之比例,將決議書收回。而劉明修著作中所言堀內將建議書修改無傷大雅之內容的說明,沒有史料根據,而其引用的建議書內容也是斷章取義。〔註41〕

第三、如水會的反對。

如水會係臺北中產以上知識階級研究時事問題的社交團體,其會員若干散在各地方。該會屬於穩健派並無政治色彩,當局素以另眼看待,因此該會的反對頗令當局失色。1930年1月26日該會提出建白書於總督,提出:「鴉片的吸食,將損害國民體質,消耗其元氣,減少其活動力,小至招來家破人亡之慘禍,大至引起民族衰頹,影響到國家前途命運,故在國策上、在國民保健上,基於人道主義,理應早日嚴禁國民吸食鴉片。」〔註42〕

其提出的主張內容如下:

一、嚴限因禁斷鴉片吸食而有生命危險之密吸食者,在十年以內特准其吸食,險些以外依行政處分收容於矯正所矯正其癮癖。

二、對現在公認的吸食者採取與前條同樣之措置。

三、對依前二項既得吸食特許者,應其癮癖之程度,在其期限內遞減其吸食分量。

四、為徹底的根絕鴉片之害毒計,政府對於鴉片煙膏之製造發售應劃定一定年限。

（一）限十年以內每年遞減鴉片煙膏之製造發售,期限屆滿絕對禁止製造發售。

（二）為喚起民眾自覺,每年公表鴉片煙膏之製造發售及其他一切事情。

（三）官員共同組織禁煙促進會,以妥善方法在前項期限內促進吸食之絕滅。

五、為期今後十年以內絕滅鴉片之吸食起見嚴重取締密吸者。〔註43〕

〔註40〕（日）《阿片吸食特許及矯正處分に関する民情》,第6頁。
〔註41〕劉明修著,李明峻譯,《臺灣統治與鴉片問題》,第197頁。
〔註42〕（日）《阿片吸食特許及矯正處分に関する民情》,第6頁。
〔註43〕（日）《阿片吸食特許及矯正處分に関する民情》,第6頁。

第四、日本新民會的響應。

在臺灣內部各地一片反對聲波中，日本的臺灣留學生所組織的新民會，也與臺灣民眾常相呼應，發刊《臺灣阿片問題》小冊子，送中央各界，使臺灣鴉片問題政治化。該書分「過去阿片政策、現在阿片吸食追認之問題、將來之阿片政策」三部分。

新民會認為，過去臺灣的鴉片漸禁政策，早在其確立之時，其根據就非常薄弱。而其確立後即追加高達十七萬的吸食者，與其主張自相矛盾，其政策已經自殺。特別是總督府的漸禁方針，是依靠吸食特許者死亡這樣的自然力量，來實現鴉片的絕滅，這是典型的自由放任主義。既往鴉片政策中的無為無策、自由放任、矛盾衝撞，都是總督府被鴉片收入所羈絆造成的。〔註44〕

對於此次鴉片的追加認可，新民會認為，石井警務局長聲明追加鴉片吸食者，是基於鴉片收入上的考慮，是欺瞞的漸禁主義策略的重複。而這種政策，與國內與國際的大情勢都相背逆。而大批密吸食者的出現，是當局管理上的責任。這種吸食追加認可的方針，對內將誘發密吸食者的出現，對外也違反國際鴉片條約的精神。〔註45〕

為此新民會提出，總督府必須將鴉片的收入主義，還原為鴉片絕滅主義；在總督府內設立解煙局，謀求鴉片行政的組織化；對此次二萬七千名申請吸食特許者，進行嚴格的診斷淘汰；對此次申請吸食之二萬人，及以前吸食之二萬七千人，依照行政手續，進行強制治療，以戒除其煙癮。〔註46〕

新民會還提出了「三年禁煙事業」，其具體內容如下：

第一期　解煙事業

一、解煙局、解煙院的設立

二、舊癮者（從來的特許吸食者）之整理淘汰。

三、新癮者二萬餘人的強制治療。

（以上所要一切經費由鴉片公賣收入撥付）

第二期　解煙事業

一、前期中未能除癮者繼續治療。

二、以六十歲為標準，將舊癮者分為兩批，對未滿六十歲者加以強

〔註44〕楊肇嘉編輯，《臺灣阿片問題》，新民會發行，昭和五年，第3～13頁。
〔註45〕楊肇嘉編輯，《臺灣阿片問題》，第15～25頁。
〔註46〕楊肇嘉編輯，《臺灣阿片問題》，第29～35頁。

制治療。

第三期　解煙事業

一、絕對廢止鴉片煙膏之製造。

二、對殘存鴉片癮者加以強制治療。

除上列方法以外並行下列間接方法：

一、嚴厲取締鴉片密吸食及走私。

二、降低鴉片煙膏之品質。

三、遞減每日的吸食量。〔註47〕

四、國聯調查團赴臺及總督府的對策

國際聯盟回覆消息給民眾黨，決定派員來臺進行調查。同時，由各地醫師會積極地響應，接連向總督府提出意見書，使鴉片新特許的反對運動，達到前所未有的高潮。民眾黨為了獲得國際聯盟的接見，多次打電報給其調查委員，要求給予直接會面機會。國際聯盟方面，也善意給予回覆，並安排具體見面事宜。

日本外務省接到此等消息後，非常震驚，提出閣議討論對策，拓務省方面也十分憂慮。日本國際鴉片聯盟協會，特別召開緊急委員會議，對臺灣總督府回京之總務長官加以責問。由於總務長官的答辯沒有誠意，使鴉片委員會的會長阪谷男爵非常不滿，直接向首相、拓相及外相等進行交涉。

由於民眾黨向國際聯盟的提告，使臺灣的鴉片問題，由臺灣島內，開始轉向日本本土，並演變成為政治與國際問題，日本政府被迫派出拓務省的棟居事務官，來臺進行實地調查，這使臺灣總督府十分被動。

總督府為扭轉尷尬的局面，馬上組織《臺灣日日新報》、《臺南新報》、《臺灣新聞》等御用報紙，連日刊載歌頌鴉片政策成功的記事，來為總督府的鴉片政策，進行辯護與讚美；同時，將臺灣民眾黨中曾經申領鴉片吸食特許牌照的黨員姓名，登載在這些御用報紙上，藉以批判民眾黨沒有資格代表臺灣四百萬民眾。特別卑劣的是，總督府竟然利用御用報紙，以蔣渭水蓄養小妾為由，對其進行人身攻擊。〔註48〕甚至出現欲襲擊蔣渭水之事件。〔註49〕

〔註47〕楊肇嘉編輯，《臺灣阿片問題》，第35～36頁。

〔註48〕（日）《人道はりする資格ない蔣君の行狀》、《蔣氏求見阿片委員　委員以蔣蓄妾非之》，《臺灣日日新報》，昭和5年3月1日。

〔註49〕《風傳狙擊反對阿片特許之蔣渭水》，《臺灣日日新報》，昭和5年2月23日。

　　總督府在媒體上進行反擊的同時，迅速決定成立鴉片矯正所，以示總督府新鴉片令的「解煙為是」，並在日日新等報紙上進行宣傳。令人可笑的是，總督府在 1930 年 1 月 13 日宣布成立鴉片矯正所，但在 1 月 23 日就連續發表了《鴉片癮者矯正取得非常好的成績》、《鴉片癮者入更生院治療矯正成績佳良》、《鴉片政策的一大更新——值得向世界炫耀》〔註 50〕等文章進行宣傳。試問如果那麼快就能取得良好的戒除成果，以總督府的治理能力，臺灣早該禁絕鴉片，為什麼直到民眾黨控訴到國際聯盟後，臺灣才成立鴉片矯正所，即使這樣，鴉片制度也一直到日本終止臺灣統治前才被廢除，這其中所藏不可告人之目的昭然若揭。

　　總督府還尋找藉口打擊民眾黨支持者。民眾黨基隆支部的書記楊元丁，因分放反對吸食鴉片的傳單，在 1929 年元旦夜被逮捕，後被送至臺北地方法院，公審法庭只經草草問訊，即判決罰金百元。因此時反對鴉片吸食特許運動日漸高漲，檢察官對判決不服，要求上訴。但臺灣高等法院在二審中，以「曲解當局苦心，且無悔改之意。」判處其四個月的徒刑。楊元丁不服上訴，最後仍然維持二審判決。〔註 51〕此事件從另一層面，反映了當時總督府對民眾黨反對運動的厭惡程度。

　　另外，總督府還極力阻止臺灣民眾黨與調查委員會面，其情形從林獻堂日記中可窺見一斑：「豬俁警務部長命巡查來請余會見，余約以四時餘往其宿舍。如預定之時間，成龍與余同往。豬俁表示對不住之意，然後陳其意見，謂國際聯盟委員將於三月一日與民眾黨會見，總督府幹部其為掛慮，因此事有關統治，故他以個人資格託余勸告渭水等勿會見委員，如何？余謂會見之事已決定，若不如約，恐委員誤解，而亦有失民眾黨面目。他謂委員廿六日將抵臺中，欲託森翻譯官勸委員勿與之會見。余曰若委員自發的不欲會見就可以，萬一委員欲會見，將如何？他謂若欲會見，請余選擇穩健之人。余曰萬一無穩健之人，非余自往不可。他聞余欲往，不敢表示贊成。談論一時餘，他謂俟廿六日森氏勸告後，即通知余也。」〔註 52〕

　　從林獻堂日記中可以分析看出，總督府極力反對蔣渭水等會見國際聯

〔註 50〕《臺灣日日新報》，昭和 5 年 1 月 23 日。
〔註 51〕《臺灣民報》，昭和 5 年 1 月 25 日。轉引自：劉明修著，李明峻譯，《臺灣統治與鴉片問題》，第 197 頁。
〔註 52〕林獻堂著，《灌園先生日記》（三），第 63 頁。

盟調查委員，曾多方勸阻，但最終沒有成功。故總督府又請求性格溫和的林
獻堂，與蔣渭水等一同參見調查委員，以防不測發生：「豬俁氏本朝（2月
25日）以電話來請余，四時成龍同余往會之，他謂使國際委員不與渭水等
會見之事不可能，請余為代表與委員會見，庶不失國家之體面。余本以顧全
雙方面目為念，乃概然許之。」〔註53〕

　　總督府雖然請到林獻堂參加會見，但仍然擔心激進的蔣渭水，會做出有
傷總督府體面之事，故由石井警備局長親自與林獻堂會見，以阻止蔣渭水
與國際聯盟調查委員會面：「訪石井警務局長，告以明日會委員之人數。他
力言使渭水勿往。余謂若渭水不往，世間之人定必種種猜疑攻擊。他言渭水
會見時必將內政以告委員。余謂渭水會見反對鴉片新特許是不能免，若將內
政以告委員，必無其事。他謂打電報往日內瓦國際聯盟以反對總督府，明日
對委員而反不言，那有此事？余曰渭水是有理解之人，決不無因而亂攻擊，
況將內政以告國際委員殊不合體統。」〔註54〕

　　另外，當國際聯盟調查委員於2月19日抵臺之際，總督府更是調動臺
北市的保正周清桂等十幾人，向調查委員提出了聯名陳情書，謂「此次新頒
之增發鴉片吸食特許，為我等期盼已久之事，且常謀請願以求早日促成。」
〔註55〕另外，總督府還集結了四百多名違法吸食者，連署陳情書，遞交給調
查委員，以示新特許制是因需而設。

　　總督府的再三阻撓，雖未能阻止國際聯盟委員接見民眾黨，但總督府的
高壓與懷柔，還是起了很大的作用，就連林獻堂也勸告蔣渭水，應採取更為
妥當的言行：「渭水同到高義閣，余問一日會見委員之事，他謂不提出書類，
亦不以猛烈攻擊總督府，余心稍安。……渭水雖言不猛烈攻擊，總是反對新
特許，一步亦不能讓，欲託委員忠告總督府，勿再特許。……余亦勸其不可
著眼區區於臺灣，須以全世界斷絕鴉片，以託其盡力，自然臺灣亦在其中
矣。」〔註56〕

　　從國際聯盟調查委員與蔣渭水等的會見記錄，亦可看出蔣氏似乎接受了
林獻堂的勸告。「國際聯盟於二月十九日特派極東鴉片調查委員拾餘名蒞臺，

〔註53〕林獻堂著，《灌園先生日記》（三），第65頁。
〔註54〕林獻堂著，《灌園先生日記》（三），第66頁。
〔註55〕《臺灣民報》，昭和5年3月1日。轉引自：劉明修著，李明峻譯，《臺灣統
　　　　治與鴉片問題》，第199頁。
〔註56〕林獻堂著，《灌園先生日記》（三），第67頁。

迨至三月一日假臺灣鐵道旅館與民眾黨領袖蔣先烈等三名會見。互相介紹就席後，調查委員長命秘書關房門開口便說：『我要聽諸君意見之前，先要說一句話：就是我們在輪船航海中曾接看貴黨的歡迎電報深為感動。希望貴黨代表講述對於鴉片問題的意見。』」〔註57〕

蔣渭水代表民眾黨發言：「這次貴調查委員各位，不辭勞苦而來調查亞洲各地的鴉片狀況，不勝感謝，我們表示熱烈歡迎。鴉片的害毒已蔓延到了全世界，人類受其害毒的不知道有幾千萬人了。我們專誠來訪是希望貴委員各位，努力使得及早滅絕世界的鴉片，罌粟栽培國使之不栽培，吸食鴉片的國民使之急速斷煙，如能早一日實行，則幾千萬人早一日得救。至於臺灣的鴉片問題向來政府是採取漸禁政策。一八九九年當初特許全島的鴉片吸食者拾六萬九千人，至一九〇七年再特許一萬五千人，現今特許者尚存二萬五千餘人，而這次又發現二萬八千餘人的密吸食者，因此亦可見禁絕之難了。我們一貫主張嚴禁主義，要實行嚴禁須要嚴重取締秘密輸入及密吸食者。」〔註58〕同時，蔣渭水還代表民眾黨提出四點要求，內容如下：

第一、須要禁止罌粟栽培國絕滅栽培罌粟。
第二、吸食鴉片須以最短期間嚴禁吸食。
第三、各國須設救治機關以救治現在的鴉片癮者。
第四、各國在教育宣傳方面須要極力宣傳鴉片的毒害。〔註59〕

調查委員們十分理解，先知會將這些意見作成文書，提交給國際聯盟，並表示：「諸位所講的話我們都十分理解。」〔註60〕

國際聯盟調查委員會見臺灣民眾黨，是出於民眾黨的提告，而進行的工作性質的會見，究竟其對日本及臺灣鴉片政策的影響，還未可知。儘管這樣，總督府為了消解民眾黨的影響，派出由「御用三巨頭」為首的所謂「臺灣人會代表」，參見國際聯盟的調查委員，陳情讚美總督府的鴉片政策，以弱化抵消臺灣民眾黨的主張。

總督府還在 3 月 2 日調查委員離臺之際，在《臺灣日日新報》上登載

〔註57〕《民眾黨代表訪問國際聰明阿片調查委員》，《蔣渭水全集》，海峽學術出版社，2005 年，第 272 頁。
〔註58〕《民眾黨代表訪問國際聰明阿片調查委員》，《蔣渭水全集》，第 272～273頁。
〔註59〕《民眾黨代表訪問國際聰明阿片調查委員》，《蔣渭水全集》，第 273 頁。
〔註60〕《民眾黨代表訪問國際聰明阿片調查委員》，《蔣渭水全集》，第 273 頁。

了歷史學家連橫所寫的《謳歌新鴉片政策論》〔註61〕，來對抗臺灣民眾黨。即是辯稱鴉片有益的意見書。其中最令人不恥的言論如下：「臺灣人之吸食鴉片，為勤勞也，非懶散也……我先民之得盡力開墾，前茅後勁，再接再厲，以造成今日之基礎者，非受鴉片之效乎？」另外連橫還辯稱：「鴉片不僅無害，甚至還被稱為長壽膏，是有益的。」〔註62〕

連橫的文章一經發表後，全臺輿論譁然，蓋當時臺灣人民正藉鴉片特許問題，與總督府當局進行鬥爭，驟見此文為虎作倀，眾怒不可遏，頓時連橫成為眾矢之的。連橫如此媚日之舉，連當時民族運動領袖林獻堂都看不下去。3月6日，林獻堂在日記上這樣寫到，「3日（按：應是2日）連雅堂曾在《臺日》報上發表一篇，說荷蘭時代鴉片即入臺灣，當時我先民移殖於臺灣也，臺灣有一種瘴癘之氣，觸者輒死，若吸鴉片者則不死，臺灣得以開闢至於今日之盛，皆鴉片之力也。故吸鴉片者為勤勞也，非懶惰也；為進取也，非退步也。末云僅發給新特許二萬五千人，又何議論沸騰若是？昨日槐庭來書，痛罵其無恥、無氣節，一味巴結趨媚，請余與幼春、錫祺商量，將他除櫟社社員之名義。余四時餘往商之幼春，他亦表贊成。」〔註63〕連橫最後被櫟社除名，在眾叛親離的情況下，最後不得不離開臺灣。

國際聯盟調查委員一經離開，臺灣的反對聲浪都開始平息。總督府對發動此次運動的民眾黨，也一改以前對一般反對運動的個別取締的政策，從根本上完全禁止聚會結社。這樣，臺灣民眾黨在次年（1931）2月18日被迫解散。

小　結

綜上所述，由於臺灣民眾黨及臺灣人民的反對，使臺灣鴉片問題，不但引起日本政界的關注，也使臺灣鴉片問題導入國際視野，使臺灣總督府處於前所未有的尷尬境地。總督府一向以漸禁制度引以自豪，並在國際鴉片會議上進行宣傳。但卻由臺灣的內部民眾組織，將其上告給國際聯盟，使鴉片問題在沉寂了三十年後，再次成為石破天驚的大問題。總督府過去採取的漸禁政策，名義上是限止鴉片的吸食，實際上是一種聽其自然的消極放任

〔註61〕《謳歌新鴉片政策論》，《臺灣日日新報》，昭和5年3月2日。
〔註62〕《謳歌新鴉片政策論》，《臺灣日日新報》，昭和5年3月2日。
〔註63〕林獻堂著，《灌園先生日記》（三），第76頁。

政策，對於吸者之癮癖沒有有效的治療措施。由於此次民眾黨及臺灣人民
的反對，總督府在公布新鴉片令的同時，編定四十萬元預算用以設立「更生
院」，以推行吸食者的矯治工作。雖然最後新的吸食者還是取得了許可，但
由此事使臺灣的鴉片問題不敢再事因循。特別是國際聯盟派員來臺對鴉片
問題進行調查，意味著臺灣的鴉片問題，將受到國際的監督與評判，總督府
一手遮天為所欲為的局面將結束，這對於總督府在心理上的打擊是重大的。
同時，總督府對國際聯盟鴉片委員會，對臺灣鴉片問題的關心程度究竟如
何，非常擔憂，也促成總督府此後積極地對鴉片癮者進行治療。

第十三章　國聯調查團對臺灣鴉片問題的調查

近代的日本是東亞最大販賣毒品的國家，它不僅在殖民地臺灣實施所謂漸禁制度，在關東州及朝鮮都有自己的鴉片制度，而且與中國大陸的鴉片問題有著極為深刻的關係。日本一直到其退出國際聯盟為止，出席了所有關於鴉片的國際會議。在歷次國際會議上，日本與英國一起，被視為國際鴉片問題的「元兇」。日本被稱為「走私貿易如同大盤專賣，因而亦以法庭上的被告處理」〔註1〕。日本為洗清惡名，在日內瓦第一鴉片會議中，全權代表賀來佐賀太郎，向會議與會各國用英文提交《日本帝國鴉片政策》，用來說明日本的鴉片政策，特別是以臺灣漸禁政策中吸食人數減少的成果，狡辯日本的鴉片制度絕非是為了追求鴉片的利益。賀來的《日本帝國鴉片政策》，僅以吸食人數的減少來強調其鴉片政策的好處，來掩蓋總督府實施鴉片漸禁政策的財政意圖，更無論鴉片癮者完全可以治療戒除的事實。日本的強辯，使長期從事鴉片貿易的英國處於十分尷尬的地位。英國則為了擺脫困難的境地，將日本走私鴉片及從事毒品販賣的事實昭示於天下，提出了要求國聯派調查團對遠東的鴉片及毒品交易進行調查的要求。

一、遠東鴉片調查委員會的緣起

美國政府於 1923 年 5 月向國際聯盟秘書長發電，要求第五屆鴉片會議能夠做成有關限止毒品交易的提案。而獨佔世界鴉片生產、運輸、製造及販

〔註1〕　（日）《阿片會議の解說》，國際聯盟協會，大正 14 年，第 28～29 頁。

賣的英國，則擔心自己的利益受損，也向諮詢委員會提出相對立的提案。

1924 年 11 月，在日內瓦召開第三次國際鴉片會議，理事會以英國提案為基礎，預先將會議分為二個部分，即是第一會議是領土之一部分或全部容許吸食鴉片的國家，如日本、中國、英國、法國、荷蘭、葡萄牙、印度等代表組成，來協議鴉片吸食相關問題。第二會議是有關生產及使用醫藥用或學術用麻藥品的會議，由國際聯盟全體國參加。

英國在日內瓦國際鴉片會議上，雖然成功地將美國排除出第一會議，但由於日本的巧辨，使其自身成為眾矢之的。而日本因賀來提交的《日本帝國鴉片政策》，似乎成為「鴉片問題的模範生」〔註2〕。英國為了使日本的惡行昭示於天下，遂於 1928 年 8 月給國際聯盟秘書長的備忘錄提出：「遠東迄今仍容許吸食鴉片，且禁止鴉片走私可說是全無成效，而逐漸或要完全取締鴉片的吸食，事實上窒礙難行，故為喚起國際聯盟的注意……鴉片走私的問題不只在英國的領地，在其他各國的遠東領地上亦屢見不鮮，且有益發猖獗之勢。英政府有鑑於此，遂提案要求國際聯盟理事會派任有為而公正的調查委員，至遠東針對此事進行調查。」〔註3〕

同時，英國駐日本公使也給日本政府發信，對此消息進行通告。公使在信函中表明英國的立場：「英國政府當然要實施 1912 年國際鴉片條約及 1925年壽府鴉片協定中相關的條款，在遠東英國領地，鴉片煙膏的使用漸次要終熄，而且在此領地所實施的鴉片煙膏及管理的方法，也是極為有效的。但在遠東地區，以罌粟的新品種栽培為主因的鴉片不正當管理卻十分猖獗，這也是我們憂慮及關注的問題。」〔註4〕

從駐日公使的信函可以看出，英國對日本掩飾其種植罌粟的事實很清楚，故此筆者認為，英國的此提案主要是針對者是日本。「英國政府在向國際聯盟提出此建議前，曾向日本提議參與這次會議，並將自己在遠東的領地的全部或一部分，允許委員進行視察」〔註5〕英國為了使此案能順利通

〔註2〕 劉明修著，李明峻譯，《臺灣統治與鴉片問題》，前衛出版社，2008 年，第 170 頁。
〔註3〕 （日）國際連盟極東鴉片問題調查委員會，《極東阿片問題》，國際連盟協會，昭和 8 年，第 1～2 頁。
〔註4〕 （日）《國際連盟阿片關係一件／極東阿片事情調查小委員會派遣關係第一卷 分割 1》，JCAHR：B04122138800。
〔註5〕 （日）《國際連盟阿片關係一件／極東阿片事情調查小委員會派遣關係第一

過，也向日內瓦第一鴉片條約的諸如法國、葡萄牙等關係國來尋求幫助。

　　7月27日，日本向英國回信，表示同意英國的請求，願意開放其全部或一部，提供給國際聯盟進行檢查：「日本政府同意提案，向聯盟委員會提供其領土的全部或一部，並將上文書提供給荷蘭、法國、葡萄牙及暹羅各政府。日本政府也將本件送達到九月間召開的聯盟理事會。」〔註6〕

　　日本政府還就可檢查的地域提出建議：「委員會審查的地域，應根據壽府第一次鴉片會議所協定的地域及中國，因此有必須取得中國政府的同意。另外，在日本範圍內，委員會視察的領域為鴉片煙膏使用的帝國的屬地及地區。」〔註7〕

　　日本政府為什麼這樣輕鬆就同意英國的想法，筆者不敢妄自推斷，劉明修在《臺灣統治與鴉片問題》中的研究認為：「日本政府的考慮是，只要將臺灣的鴉片專賣制度略做修正，諸如關閉鴉片煙館、籌建鴉片癮者治療醫院等，即能符合日內瓦第一鴉片條約的規定，如此亦能支持獲得國際好評的賀來全權大使的說法。此外，再慮及當時（1928年）鴉片收入只占臺灣歲入的3.7%，與以前相比實已降低不少，所以日本政府才會做出此種決定。」〔註8〕

　　筆者以為，劉明修的說法並不全面。是年的7月，早在英國政府提案之前，日本政府已經批准日內瓦第一鴉片條約。這些條約對鴉片管制要求並不高，這才是日本政府勇於接受調查的深層原因。此點也從日本殖民省在1928年3月16日所傳達的《在遠東鴉片煙膏管理相關覺書證文》中體現出來：「各遠東鴉片當事國自批准協定之日開始，每年漸次減少一成的鴉片煙膏的輸入，國內生產的鴉片也不再增加，以期十年後在遠東的鴉片煙膏最終消失的適當的方針。」〔註9〕依據賀來提交的《日本帝國鴉片政策》，

　　　　卷　分割1》，JCAHR：B04122138800。
〔註6〕（日）《國際連盟阿片關係一件／極東阿片事情調查小委員會派遣關係第一
　　　　卷　分割1》，JCAHR：B04122138800。
〔註7〕（日）《國際連盟阿片關係一件／極東阿片事情調查小委員會派遣關係第一
　　　　卷　分割1》，JCAHR：B04122138800。
〔註8〕劉明修著，李明峻譯，《臺灣統治與鴉片問題》，前衛出版社，2008年，第171
　　　　頁。
〔註9〕（日）《國際連盟阿片關係一件／極東阿片事情調查小委員會派遣關係第一
　　　　卷　分割1》，JCAHR：B04122138800。

日本在表面上做得非常好，故日本政府才願意接受聯盟的檢查。

自上海國際鴉片會議以來的國際鴉片會議，其主權針對者都是中國，而日本還向英國通告，將向聯盟委員會提出請求調查中國及印度地區：「最近中國罌粟的栽培極為繁盛，鴉片不正當交易頻繁，在馬來殖民及香港等地，鴉片政策的實施也極為困難，故應向此地派遣委員。」〔註10〕

對於英國政府向國際聯盟的提案，其他各相關國家大致上並沒有什麼特別的異議。就其調查範圍，法國主張不應被鴉片條約所限，不論是否簽訂條約的國家，所有的鴉片生產國都應當在調查的範圍內。不過，中國提案建議擴大有關鴉片問題的調查範圍，主張不應只侷限於遠東地區，對於鴉片生產、麻藥製造等相關國家亦應一併調查，且調查委員中應納入中國政府的代表。〔註11〕

1928年9月，國際聯盟大會同意英國政府的提案，授權理事會任命三位調查委員負責此案。會議的決議內容如下：「總會承諾接受進行調查遠東地區鴉片煙膏使用情況，成立由三人組成的小型委員會，對根據海牙國際條約（1912年）第二章及壽府鴉片協定（1925年2月）所定的義務的實施，及各相關政府執行的措施、在遠東地區不正當鴉片交易的性質、範圍、實施審查義務交易的困難進行調查，以向有關各政府及國際聯盟提供可行的辦法。」〔註12〕

不過令人遺憾的是，國際聯盟大會認為中國政府的提案牽涉範圍過大，決定不予採納，中國代表對此項決定深感不滿，繼而宣布拒絕國際聯盟派員於其領土內從事調查，所以此次調查的範圍並未包括中國。

歷來的國際鴉片會議，主要都是為解決中國的鴉片問題而召開，但此次調查由於身為鴉片問題最大受害國中國的自動退出，恰好給與中國鴉片問題關係最密切的日本和英國提供了可掩飾的良機，更使此次調查的效果大幅降低。這對與中國鴉片問題關係密切的日本來說，真是天賜的禮物，日本馬上回電聯盟表示同意：「中國方面的提議超過英國提議的主旨，完全不可

〔註10〕（日）《國際連盟阿片關係一件／極東阿片事情調查小委員會派遣關係第一卷　分割1》，JCAHR：B04122138800。

〔註11〕（日）《國際連盟阿片關係一件／極東阿片事情調查小委員會派遣關係第一卷　分割1》，JCAHR：B04122138800。

〔註12〕（日）《國際連盟阿片關係一件／極東阿片事情調查小委員會派遣關係第一卷　分割2》，JCAHR：B04122138900。

能實施，故應當反對。沒有辦法接受中國的無理條件，同意鴉片調查委員地域除中國以外。」〔註13〕

二、日本賄賂調查團邀其赴日觀光

國際聯盟大會通過了英國所提議的由鴉片當事國以外國家的人員來擔任調查員的提議，並於1929年3月任命來自瑞典的艾瑞克・艾克斯唐德（Erik A. Ekstrand）、比利時的麥克斯・基拉德（Max L. Girard）與捷克的楊・哈布拉薩博士（Dr.Jan Hablasa）為調查委員，另外，鴉片及社會問題部人員瑞典人倫伯格（B.A.Renborg）及一名男性速記員隨行。〔註14〕

上述三位委員預計於8月28日出發，就以下相關議題進行調查：

第一、承諾接受吸食鴉片煙膏使用相關調查的各政府在遠東地區的相關事項；

第二、關係國政府是否順利完成1912年海牙國際鴉片條約第二章及1925年2月壽府第一鴉片條約所揭之義務的執行措施；

第三、關於遠東鴉片的非法交易性質及範圍；

第四、履行上述義務時的困難，及上記事項相關提議；

第五、現在情況下各關係國政府及國際聯盟應採取的措施。〔註15〕

委員會還確定不僅限於視察國政府所提供的文件，也受理非正式的有志團體及個人提交的資料。另外，各國家通過協商，最終同意三位委員在以下地區進行鴉片問題調查：

法國：中南半島全境、廣州灣（廣東省湛江縣）。

英國：緬甸、海峽殖民地（馬六甲除外）、馬來聯邦州、沙撈越、英屬文萊、香港。

日本：臺灣、關東州、南滿洲鐵道附屬地。

荷蘭：荷屬東印度（約今日印度尼西亞全境）。

葡萄牙：澳門。

〔註13〕（日）《國際連盟阿片關係一件／極東阿片事情調查小委員會派遣關係第一卷　分割1》，JCAHR：B04122138800。

〔註14〕（日）國際連盟極東鴉片問題調查委員會，《極東阿片問題》，國際連盟協會，昭和8年，第2～3頁。

〔註15〕（日）《國際連盟阿片關係一件／極東阿片事情調查小委員會派遣關係第一卷　分割2》，JCAHR：B04122138900。

印度：全境。〔註16〕

上述調查範圍，是各委員會國幾經磋商最後的決定。日本政府為了反制英國，企圖將符合日內瓦第一鴉片條約所規定的所有領區，皆列入此次調查範圍。但英國政府卻提出反對，因英國殖民地地域廣大，希望儘量減少巡察員檢查的地區。故儘管調查委員一行曾行經馬六甲地區，但馬六甲卻未列入調查名單。另外，調查委員一行從新加坡搭乘火車到馬來聯邦首府吉隆坡的途中，也經過位於馬來半島南端的柔佛州，但柔佛州亦未列入調查名單。

同時，委員會還安排了臨時日程如下表：

出發日	出發地	到達日	到達地
8 月 30 日	マルセーユ	9 月 13 日	孟買
9 月 13 日	孟買	9 月 15 日	加爾哥達
9 月 16 日	加爾哥達	9 月 22 日	蘭貢
9 月 23 日至 10 月 14 日停留在緬甸			
10 月 14 日	蘭貢	10 月 19 日	新加坡
10 月 19 日至 11 月 2 日停留在馬來諸國			
11 月 2 日	新加坡	11 月 5 日	バタビヤ
11 月 5 日至 11 月 24 日停留在荷領東印度			
11 月 25 日	バタビヤ	11 月 27 日	新加坡
11 月 28 日	新加坡	12 月 2 日	盤谷
12 月 2 日至 12 月 16 日停留在シヤム			
12 月 16 日	曼	12 月 19 日	西貢
12 月 19 日至 1930 年 1 月 7 日停留於法屬印度支那，由西貢向河內陸地行程			
1 月 7 日	河內	1 月 12 日	香港
1 月 12 日 2 月 2 日停留於香港及澳門			
2 月 3 日	香港	2 月 6 日	馬尼拉
2 月 6 日至 2 月 28 日停留在菲律賓諸島			
3 月 1 日	馬尼拉	3 月 4 日	香港
3 月 5 日	香港	3 月 7 日	基隆

〔註16〕（日）國際連盟極東鴉片問題調查委員會，《極東阿片問題》，國際連盟協會，昭和 8 年，第 3 頁。

3月7日至3月17日停留在臺灣			
3月18日	基隆	3月20日	香港
3月21日	香港	3月24日	上海
3月24日至3月30日在上海停留			
4月1日	上海	4月5日	大連
4月5日到4月18日停留在大連及奉天			
4月18日	大連	4月22日	上海
4月23日	上海	5月25日	マルセーユ
1930年5月26日加到壽府			

*此表根據日本外交史料館所藏之《國際連盟阿片関係一件／極東阿片事情調查小委員會派遣関係第一卷　分割 2》中之《阿片吸食事情調查極東委員會假旅程表》整理而成，此件檔案號為：(JCAHR)：B04122138900。

　　從上述臨時行程表可以看出，調查委員一行原先的計劃是自日內瓦啟程，經地中海、橫跨印度洋，在結束東南亞各地鴉片問題的調查之後，再從臺灣轉赴大連，於調查滿鐵附屬地之後，搭乘西伯利亞鐵路返回歐洲。但日本駐國聯人員擔心這樣的行程對日本不利，利用調查員與日本的關係，邀約其先行來臺。

　　日本駐國聯事務局長佐藤，於9月6日向日本外務大臣幣原喜重郎發信，認為調查委員會的原行程最後才到日本的殖民地，這樣的安排「沒有與本邦中央當局交換意見的機會，這是令人遺憾的。上記一行人員也希望在臺灣、關東州之後，能與本邦中央當局進行會見。希望在視察東瀛及關東州之後，能給予再轉到我國東京停留一周的機會。在調查員中，楊·哈布拉薩博士公使曾於1912年到1913年時以詩人身份到我國遊歷，也有與我國相關之著述，書記員的瑞典人倫伯格以前曾在東京瑞典公使館做商務官，在勤日本時間約二年，對我國的事情也比較瞭解。艾瑞克·艾克斯唐德團長也是對我國頗有好感之人物。鑒於此，我認為這次給予他們來我國停留的機會，彼我的利益就會增多。」〔註17〕

　　日本政府馬上給予積極的回應，以「高裁案」的方式裁定接待調查委員一行並承諾提供以下服務：「一、鐵道、車輛的供給；二、由外務省負擔停

〔註17〕（日）《國際連盟阿片関係一件／極東阿片事情調查小委員會派遣関係第一卷　分割 3》，JCAHR：B04122139000。

留一周間的食宿費；赴日光及箱根等地進行觀光。」〔註18〕同時，內務省還制訂了詳細的接待預算如下表所示：

金額（日元）	費　目	內　　容
840	賓館費用	上等房（附客房、睡房、洗澡間）一日30元三個及中等房（附睡房洗澡間）一日15元二個各七天（東京帝國飯店四天、箱根富士賓館二天、日光金谷賓館一天）
480	伙食費用	早餐一回3元午晚餐一回5元（東京早餐四回、午晚餐九回、箱根早餐二回、午晚餐四回、日光早餐一回、午晚餐二回）
132	賓館服務費	按住宿及伙食費的一成來計算
95	列車中雜費	列車中食事一人一食2.50元五人六回、列車服務及乘車費10元共二回
152	交通費	高速車票一等十枚（一枚6元）、超過運費的行李90元、行李雜費92元（下關35元二回、東京10元、箱根6元、日光6元）
180	雜費	郵稅75元、報紙費5元（一日0.50元）、各種謝禮所需日元

*此表根據日本外交史料館所藏之《國際連盟阿片關係一件／極東阿片事情調查小委員會派遣關係第一卷　分割3》中之《極東鴉片問題調查委員接待費預算》整理而成，此件檔案號為：（JCAHR）：B04122139000。

　　在日本的大力邀請下，調查委員改變了行程，早日赴日本名勝進行觀光。同時日本政府向駐新加坡的玉木總領事、バタビヤ的總領事代理小谷、印度的矢田郁公使、西貢的佐島領事、河內的黑澤總領事及香港、上海、馬尼拉總領事發電，要求在調查國到來之時給予力所能及的幫助。〔註19〕

　　調查委員於1929年9月4日由日內瓦出發，開始進行調查，調查的第一站是馬來西亞。日本方面非常關注調查員的調查過程，由駐新加坡總領事玉木胜次郎及バタビヤ的總領事代理小谷滇雲分別向政府提交了調查員調查過程的報告，以供當局參考。同時，也將這些報告遞送到臺灣總督府。〔註20〕

〔註18〕（日）《國際連盟阿片關係一件／極東阿片事情調查小委員會派遣關係第一卷　分割3》，JCAHR：B04122139000。

〔註19〕（日）《國際連盟阿片關係一件／極東阿片事情調查小委員會派遣關係第一卷　分割4》，JCAHR：B04122139100。

〔註20〕（日）《國際連盟阿片關係一件／極東阿片事情調查小委員會派遣關係第一

三、臺灣總督府賄賂性的準備

調查委員的原計劃是於 3 月 7～27 日在日本殖民地停留期 20 天，而指定區域中所謂的「臺灣、關東州、南滿洲鐵道附屬地」也僅是一個大致的範圍。日本經過內部研究後決定了具體的地點，如關東長官木下謙次郎就提出在關東州可視察的範圍為：「委員會視察的區域，只需要當廳屬下關東州及南滿洲鐵道附屬地中的大連及奉天即可。」〔註 21〕最終日本政府決定可視察的範圍為：「視察的場所是臺灣及其他，在關東州為大連及奉天；在臺灣視察時間為 10 天，在關東州約 7～10 天。」〔註 22〕

日本政府不但積極地回應國際聯盟調查，還親切邀請其順路到日本觀光，更慎重地要求各殖民地積極接待調查委員一行。臺灣總督府方面積極回應，由臺灣總督河原田總務長官向外務次官親自發出加急電報，表示臺灣總督府給予視察員最好的接待：「已經瞭解本年 11 月 26 日附第三條機密之第二六二三號照會之為審查鴉片問題的遠東委員會派遣相關之件，上述委員在臺灣視察之日數約 10 天，其調查方法本府沒有任何意見，該委員在臺灣停留中，本府將盡最大努力來款待。」〔註 23〕

總督府方在非常重視，不但承諾要盡最大可能款待好調查人員，還就能提供的資料等進行收集，還制訂了相當詳細的在臺行程如下表所示：

月　日	出　　發		到　　達		視察事項	旅館	摘要
3 月 7 日			基隆		鴉片輸入管理狀況		
3 月 7 日	基隆	下午 4：20	臺北	下午 5：18		鐵道賓館	火車
8 日			停留		鴉片製造及販賣情況		

卷　分割 3》，JCAHR：B04122139000；《國際連盟阿片関係一件／極東阿片事情調查小委員會派遣関係第一卷　分割 4》，JCAHR：B04122139100。

〔註21〕（日）《國際連盟阿片関係一件／極東阿片事情調查小委員會派遣関係第一卷　分割 2》，JCAHR：B04122138900。

〔註22〕（日）《國際連盟阿片関係一件／極東阿片事情調查小委員會派遣関係第一卷　分割 2》，JCAHR：B04122138900。

〔註23〕（日）《國際連盟阿片関係一件／極東阿片事情調查小委員會派遣関係第一卷　分割 2》，JCAHR：B04122138900。

9日	臺北	下午9：28			鴉片製造及販賣情況		火車夜行
10日			高雄	上午7：45	一般狀況		
10日	高雄	上午8：03	屏東	上午8：57			火車
10日	屏東	上午11：50	高雄	下午12：38			火車
10日	高雄	下午4：25	臺南	下午6：01		東屋	火車
11日	臺南	下午2：24	嘉義	下午4：35	鴉片買賣、走私取締狀況	嘉義賓館	火車
12日	嘉義		阿里山			阿里山俱樂部	火車約六小時
13日	阿里山		嘉義			嘉義賓館	火車約六小時
14日	嘉義	上午7：37	彰化	上午9：58			火車
14日	彰化		鹿港		鴉片秘密走私取締狀況		汽車
14日	鹿港		彰化				汽車
14日	彰化	下午1：32	臺中	下午2：18		春田館	
15日	臺中	上午9：22	桃園	下午1：35			
15日	桃園		大溪				汽車約40分
15日	大溪		角板山		一般狀況	貴賓館	臺車約4小時
16日	角板山		大溪				臺車約2小時
16日	大溪		桃園				汽車約40分
16日	桃園	下午1：36	臺北	下午2：20		鐵道賓館	火車
17日			停留				
18日	臺北		基隆				乘船

備考：火車時間依據現在多少或有變更

*此表轉引自日本外交史料館所藏之《國際連盟阿片関係一件／極東阿片事情調查小
委員會派遣関係第一卷　分割 2》中之《視察日程》，此件檔案號為：（JCAHR）：
B04122138900。

　　同時，日本也將調查員所赴國家地區駐在公使的相關調查報告遞交到臺灣總督府。

　　外務省向臺灣總督府警察局發電就鴉片調查事項給予具體的指示：「一、《臺灣鴉片制度沿革及概要》中壽府鴉片協定相關記述情況；二、《麻藥類管理的概況》及臺灣麻藥取締規則，鑒於只為鴉片吸食事情的調查為目的，將它刪除是不恰當的，尤其是對麻藥類的質問，應盡量詳細地回答。」〔註 24〕

　　筆者沒有查到總督府提交給日本內務省的文件，但從此指示件來推測，可能總督府提出調查項目中不包括麻藥類。但調查委員此次將麻藥類列為其調查的重點之一，因在不久前曾發生「荷蘭麻醉品製造」〔註 25〕破獲事件，引起了國際社會的廣泛關注。

　　由於調查委員接受日本的邀請，準備到日本觀光，故他們壓縮在印度等地的調查時間，改變了其行程，於 1930 年 2 月 15 日到達臺灣。根據資料的記載，調查員於 3 月 2 日才離開臺灣，共計在臺灣停留半月有餘。〔註 26〕

〔註 24〕（日）《國際連盟阿片関係一件／極東阿片事情調査小委員會派遣関係第一卷　分割 4》，JCAHR：B04122139100。

〔註 25〕「今日乃國際聯盟禁煙顧問委員會審查各國政府最近破獲毒物報告最後之一日，所查案件有值得世人注意者，即荷政府破獲麻醉藥品製造廠之報告。據稱該廠曾向瑞士輸入大宗之嗎啡、海洛因及高根。復將該毒品輸往遠東各地。在維也納駐有該廠經理，專司轉運。云該廠業已迫令停止經營麻醉藥品，駐維也納之經理亦經捕獲受逐出境，該廠之毒物數批亦已先後在各處破獲。據英代表戴樂維爵士報告，該廠這非法貿易大約如下：嗎啡 955 公斤（約 35000 英兩）、海洛因 3040 公斤（約 113000 英兩）、高根 90 公斤（約 3350 英兩），其中嗎啡 317 公斤、海洛因 1609 公斤，係運往中國英代表，並指瑞士某商號會將嗎啡 317 公斤、海洛 1609 公斤送往荷廠專資轉運。意代表卡瓦遜尼謂：三千公斤之海洛因，足造成數千萬之煙民。日代表計算，中國全國醫藥用途只需要嗎啡 700 公斤、海洛因 100 公斤。若以之與非法輸往中國各種麻醉毒物之數量相比，則中代表所要求麻醉藥品鴉片兩問題須同時加以考究，誠有充分之理由也。瑞代表加利爾稱，瑞政府素以荷廠為正當營業，此次瑞政府雖有失察之處，然對於荷廠之非法貿易不能單獨負責，嗣後荷瑞兩國代表復作同樣聲明，謂兩國既已採納進口許可證辦法，此後當不至再有大夫規模之非法貿易情事云。」《荷蘭製造廠之破獲（節譯自倫敦泰晤士報）》，王景岐博士著，《國際麻醉毒品貿易》，比（北）京海外拒毒後援會刊行，無出版日，第 1 頁。

〔註 26〕《國際連盟阿片関係一件／極東阿片事情調査小委員會派遣関係第二卷　分割 1》，JCAHR：B04122139300。

四、調查委員調查的事項

調查委員於 19 日就鴉片特許進行了質問，臺灣總督府方面回答如下：「改正是基於鴉片令的精神，促進漸禁主義的完成，採取以下方式以期望將密吸食者消滅：一、根據對密吸食者醫藥上驗診的結果，對癮重治療困難者給予特許，其他的人則採取強制治療。二、另外也是為消滅將來密吸食者的根源以期管理的徹底。三、其方針也是特許收入優先使用在治療及管理上。」〔註 27〕

20 日調查員訪問了鴉片製造廠、鴉片煙膏批發所及零售店，另外還視察了中央研究所裏的更生院。在總督府對這裡的官員進行了訪問，聽取對鴉片管理狀況的說明。21 日上午，訪問文教局長、法院院長、稅關長及專賣局長，聽取各種鴉片問題的意見。22 日再次就鴉片問題聽取官員的意見。之後調查員赴南部進行視察旅行。

2 月 23 日到達臺南市直接到達安平港就對岸的交通狀況進行考察，期間對州警務部長提出州下鴉片密輸入的檢舉、管理及鴉片吸食新特許申請狀況等問題。在安平對稅關支署長提出鴉片密輸入狀況進行簡單的提問。在安平製鹽所視察時，向所長提出鴉片吸食者勞動能力及影響相關的問題。24 日調查委員赴阿里山旅遊。26 日調查員一行到達臺中鹿港進行視察。27 日又赴角板山旅遊。28 日返回北部。

調查委員在南部視察時提出的問題主要是針對鴉片密吸及密輸入的，主要問題如下：

1. 密吸食者分布在全州，其最多的地域是哪裏；
2. 特許新申請者概數及年紀性別如何；
3. 農牧民吸食者發現的方法如何；
4. 密吸食者檢舉的方法如何；
5. 最近三年間鴉片令違反者處分的件數，另外，請說明行政處分與司法處分的區別；
6. 最近三年間鴉片密輸入檢舉的件數；
7. 鴉片取締相關警察組織如何；
8. 依警察力量檢查到的農牧民輸入件數比稅關檢查的件數多是何

〔註 27〕《國際連盟阿片關係一件／極東阿片事情調查小委員會派遣關係第二卷分割 1》，JCAHR：B04122139300。

原因；

9. 密輸入取締相關警察與稅關協力的程度及兩者的權限、義務如何；

10. 鴉片煙灰的處分方法如何；

11. 鴉片零售商吸食特許者有無賣出定量以外的鴉片；

12. 最近三年間密輸入情況如何，其國籍如何。〔註28〕

3 月 1 日返回到臺北後視察了鴉片器具製造所、訪問財務局長代理，求取鴉片相關預算的說明。在調查員訪問鴉片器具製造所時，一零售商人從醫生處知道他們是調查員，就向調查員說他自己因為做鴉片零售商，所以以後想去做牧師，暗批專賣制度。〔註29〕

調查委員在臺灣主要就「鴉片取締相關一般問題、鴉片取締相關詳細質問、社會及醫學性質方面的問題、不正當貿易、一般問題、調查相關一般經濟及其他問題及麻藥取締相關一般性問題」這幾個事項進行了質問。

一、「鴉片取締相關一般問題」

調查委員共提出九個問題：

1. 1912 年海牙鴉片條約於貴領域何時開始實施；

2. 1925 年 2 月壽府鴉片協定在貴領域何時開始實施；

3. 鴉片吸食管理的沿革概要；

4. 現行鴉片吸食管理的特色如何；

5. 政府最近有無在將來實施追加措施的意向；

6. 鴉片吸食及管理相關法令及規則如何（希望得到各法規四部）；

7. 貴領域全部實施統一的規則嗎，若不是則各地方的規則如何；

8. 違反相關法規的刑罰如何；

9. 過去十年起訴及有罪決定件數及基本法令及規則而進行課罰。
〔註30〕

〔註28〕（日）《國際連盟阿片關係一件／極東阿片事情調查小委員會派遣關係第二卷　分割 1》，JCAHR：B04122139300。

〔註29〕（日）《國際連盟阿片關係一件／極東阿片事情調查小委員會派遣關係第二卷　分割 1》，JCAHR：B04122139300。

〔註30〕（日）《國際連盟阿片關係一件／極東阿片事情調查小委員會派遣關係第二卷　分割 3》，JCAHR：B04122139500。

二、「鴉片取締相關詳細問題」

調查共提出 90 個問題，和 1～12 為生鴉片及鴉片煙膏的輸出入相關問題，其問題如下：

1. 生鴉片輸入相關規則有如何禁止的規定及日期；
2. 如若許可生鴉片輸入時是否必須向稅關官員提供其書類；
3. 生鴉片輸出相關規則如何，如果禁止，其日期是多少；
4. 如若許可生鴉片輸出時其書類是否向稅官員提供；
5. 若允許生鴉片中轉或過境其條件如何，如果禁止，其日期是多少；
6. 鴉片煙膏輸入相關規則如何，如果禁止，其日期是多少；
7. 如若鴉片煙膏鴉片輸入時是否必須向稅關官員提供其書類；
8. 鴉片煙膏輸出相關規則如何，如果禁止，其日期是多少；
9. 如若許可鴉片煙膏輸出時其書類是否向稅官員提供；
10. 若允許鴉片煙膏中轉或過境其條件如何，如果禁止，其日期是多少；
11. 鴉片煙膏的輸出還未禁止，其遲延的理由如何；
12. 如若還許可鴉片煙膏輸出，其輸出運輸的商標相關規則是怎麼樣。〔註31〕

對於上述十二個問題，總督府方面都非常簡單地以「禁止」或「還未禁止」來回答應。

從第13～71都是針對鴉片販賣方面的，問題如下：

13. 為販賣而進行鴉片煙膏的製造是否是政府的獨營，如若是其理由如何；
14. 是否實施鴉片專賣分配及販賣相關的制度，其制度是否為全然政府獨專事業；
15. 鴉片專賣價格的制定是依據什麼；
16. 生鴉片及鴉片煙膏政府買入價格如何，另外，由鴉片所帶來的政府總收益是多少；
17. 與鴉片管理相關的警察、預防、監獄、醫院等機構的維持上，政府所需要的費用是否由鴉片收入允當；

〔註31〕（日）《國際連盟阿片関係一件／極東阿片事情調查小委員會派遣関係第二卷　分割3》，JCAHR：B04122139500。

18. 專賣制度實施當初各地方實施的價格如何；

19. 為防止沒有通過官制許可得到鴉片，採取何種保證手段；

20. 為專賣及零賣分配相關的官制鴉片包裝規則如何；

21. 官制鴉片零售包裝是否也由工場提供；

22. 為官制鴉片配送所包裝的重量及容積如何；

23. 為識別官制鴉片採取了何種特殊手段；

24. 零售分配的鴉片容器最小的容積是多少；

25. 錠劑形式的鴉片更有利於零售，為何從來沒有嘗試過；

26. 為預防官制鴉片容器的不正變更採取何手段，此種容器一但開封以後是否還可使用；

27. 鴉片吸食者新購入的空容器是否收回；

28. 鴉片零售的生鴉片或鴉片煙膏，吸食者是否可以自己製造煙膏；

29. 鴉片的零售販賣是政府的獨佔事業，是否能轉到販賣人手裏；

30. 上述的鴉片零售者是否給政府的官吏什麼報酬；

31. 零售的特許證怎麼給予，其特許證的樣式如何. 發給日期如何且手續費如何；

32. 鴉片的消費不問官營還是特許的零售店是否都認可；

33. 鴉片的零售只用現金；

34. 各地方官營及特許零售店的數量，分別提供過去十年間兩店的比較表；

35. 零售店經營相關特殊的規則如何；

36. 零售店的增加在現行的規則下是否許可；

37. 鴉片吸食的場所是否依據法律的許可、如是，其吸食場所是否為政府專營而不允許私人開設；

38. 過去十年間鴉片官營吸食所、特許吸食所的數量是否有記載；

39. 出入各煙所的相關規則如何；

40. 鴉片吸食所裏是否允許鴉片的販賣，另外消費者是否可以自帶鴉片；

41. 現行立法是否允許吸食所在現有數量上再增加；

42. 官員如何決定零售商及吸食所的地域；

43. 如果有官制鴉片在零售店以外販賣的場合是怎麼樣的場合；

44. 各地方實施零售的價格如何，是否有過去十年間的數量統計比較；

45. 官員如何批定零售的價格，其計算的基礎是什麼；

46. 特許販賣的場合，相對鴉片販賣額，給販賣人有多少的利益，這些販賣人是否有義務販賣政府供給鴉片量的最少量；

47. 給予特許販賣人的數量是否有一定的分攤；

48. 對特許販賣人是如何管理的；

49. 鴉片是否沒有人種及國際的差別都可販賣；

50. 鴉片吸食者需要登記，其登記的相關規則如何；

51. 鴉片吸食是否開放給官員及公署雇員、陸海軍人、警察及官有車輛的司機；

52. 最近十年間按人種登錄鴉片吸食者數量如何；

53. 鴉片沒有特許消費者販賣，如果有，其規則及特許證的樣式；

54. 最近十年間特許消費者的數量如何；

55. 追加吸食者登錄，對新消費者特許證發給相關規則如何；

56. 採取何種手段防止鴉片吸食者入國移住,如果有採取什麼措施；

57. 鴉片消費者是否有一定的指定量，如若有其指定量的相關規則如何，最近十年間各人種別指定量吸食者有多少；

58. 各特許的零售商給予的鴉片最多量是多少；

59. 許可證的不正或防止不使用許可，採取怎樣的保護手段；

60. 登記或接受特許的消費者，是不是必須自己購買自己的用品；

61. 有沒有法律規定消費者所持的最大量，其最大量是多少；

62. 是否允許女性作鴉片購買鴉片消費者進行登記及取得特許證；

63. 鴉片吸食消費者的最小年紀是多少；

64. 是否允許婦女及未成年者出入零售店及吸食所；

65. 煙灰相關規則如何；

66. 煙灰是否作為獨立的事業進行回收，對回收煙灰的收購價格多少；

67. 特許販賣人有義務將煙灰轉送給政府；

68. 允許消費者新購買時是否先要約定返回煙灰；

69. 生鴉片及鴉片煙膏相關產生的煙灰的百分比是多少；

70. 有沒有考慮煙灰吞食或煙灰再製吸食是一般的習慣，這比鴉片吸食更加有害；

71. 最近十年間各年返回給政府的鴉片煙灰的數量有多少。〔註32〕

從第72～90是針對鴉片專賣的相關問題：

72. 1912年以後每年生鴉片輸入數量是多少；

73. 1912年以後每年鴉片煙膏輸入數量是多少；

74. 最近十年間即專賣制度開設以來政府生產的鴉片煙膏的數量是多少；

75. 最近十年間生鴉片零售額是多少；

76. 最近十年間鴉片煙膏零售額是多少；

77. 進入貴領土的生鴉片及鴉片煙膏的輸入量與原生產國的輸出量有無對照，另，輸出的場合其輸出量是否與輸出國的輸入量有無對照；

78. 最近十年間生鴉片零售的各種容量容器是怎麼規定的；

79. 最近十年間鴉片的總歲入占純歲入的幾成；

80. 最近十年間一切財政總歲入及純歲入是怎麼樣的；

81. 最近十年間生鴉片純歲入額與一般純收入額相對的百分率是多少；

82. 鴉片歲入額中多少用於特殊的用途，這部分與一般預算歲出的比率；

83. 鴉片吸食的終局是全禁，代替鴉片歲入的其他的歲入是什麼，如果有請告之；

84. 鴉片專賣事業是如何組織的；

85. 最近十年間及各種設施當初以來鴉片專賣事業的經費是多少；

86. 是否有鴉片專賣的定期報告刊行，如果有請提供；

87. 政府是否接受鴉片政策相關的勸告，如果有是什麼；

88. 如果鴉片專賣事業歸財政省管理，其理由是什麼，如果考慮歸所管理，其理由；

〔註32〕　（日）《國際連盟阿片關係一件／極東阿片事情調查小委員會派遣関係第二卷　分割3》，JCAHR：B04122139500。

89. 鴉片吸食者由官營賣捌所提供，還是由病院或施藥所供給鴉片；

90. 鴉片管理所使用的一切文書各四份及官營工場所使用的各種容積的空容器各四個提供給委員會；委員會注意所要求的統計資料中的一切疑點，如果今年與去年相比有顯著變化，必須說明原因。〔註33〕

三、調查員對「社會及醫學性質的問題」如下：

1. 依據最近三次的國勢人口如何，各國籍及各人種別所記載的數字；

2. 最近十年間各國籍及各人種入境及出境移民相關統計；

3. 中國人主要生計如何；

4. 中國人是否是定住者或由一個地方向其他地方移住；

5. 中國人居住的地方如何，以最近的統計，各地方的數額；

6. 其他中國人或沒有特定地方或特定種族的中國人是否允許吸食鴉片；

7. 貴領域所居住的或勞動著的中國人一般是從中國什麼地方來屬於什麼種族；

8. 是否有其他遠東諸國移民來住，或者政府或雇主組織而來，如若是雇主組織的，那麼雇主是否允許吸食鴉片；

9. 貴領域中國人總人口中吸食特許者占幾成，在總人口中成年男子的分別的百分率；

10. 全禁鴉片吸食是否影響勞動者的供給，貴領地外來勞動者依賴的程度；

11. 鴉片癮者主要損失如何；

12. 鴉片吸食者財政狀況良好或鴉片價格高低而產生的消費的變化的比較；

13. 鴉片吸食習慣以導致勞動者喪失勞動能力而貧困且吸食者家庭也將窮困；

14. 鴉片吸食者有無更低廉其他麻藥習癮的使用；

15. 社會娛樂的缺少是否對鴉片吸食也有責任；

16. 如果不容易得到安慰、慰安消滅習癖的程度及慰安的各類如何；

17. 陷癮是不自覺的，如何滿足其欲望，其結果如何；

〔註33〕（日）《國際連盟阿片關係一件／極東阿片事情調查小委員會派遣關係第二卷　分割3》，JCAHR：B04122139500。

18. 鴉片習癖是可以矯正的，但自發的癮者最良好的矯正方法是什麼；

19. 鴉片吸食者習癖的矯正，政府及私人團體怎樣的努力；

20. 最初矯正完全執行之後有無必要為防止再發依據精神學的療法給予患者意志力；

21. 到鴉片的習癖完全矯正每個癮者所需要的矯正費用大概是多少；

22. 矯正的可能性與年紀有什麼關係；

23. 什麼樣的人容易矯正；

24. 是依據診斷來斷定習癖者的習癮如何；

25. 鴉片是否被做為精神上的興奮劑；

26. 鴉片是否作為體力勞動者的興奮劑；

27. 保險公司的被保險者是否包括鴉片吸食者；

28. 當事者可根據自己的要求得到生鴉片或鴉片煙膏的代用物；

29. 代替鴉片吸食習慣的危害少的習慣的一般可能性；

30. 有無剝奪鴉片吸食者吸食目的的鴉片支給或限制，來用嗎啡類興奮劑代替的情況；

31. 鴉片吸食有害影響貴領域內醫學者的興論如何；

32. 嗎啡類消費有無誘導至鴉片吸食；

33. 依據教育的手段阻止鴉片吸食是否可行，如若可行現在還沒有實施的理由是什麼，是不是不希望這樣的措施出現；

34. 對上記措施的興論的反映如何；

35. 鴉片吸食是不是遺傳性的惡習；

36. 有無考慮以煙草等代替鴉片的吸食的可能性；

37. 有無關心鴉片禁止運動的禁煙協會或其他團體；

38. 一般居民對鴉片吸食及鴉片禁止運動的態度如何；

39. 事實上是法律允許的消費，那麼其使用在興論上沒有反對嗎；

40. 在貴領域內鴉片相關興論如何，採用什麼樣的應對措施；

41. 1907～1917 年間中國的禁煙對貴領域的中國人的影響如何。〔註 34〕

四、對秘密走私的問題：

1. 最近十年間每年沒收生鴉片數量有多少，希望盡可能得到原供給地的

〔註34〕（日）《國際連盟阿片関係一件／極東阿片事情調查小委員會派遣関係第二卷　分割 3》，JCAHR：B04122139500。

相關情報；

　　2. 最近十年間每年沒收鴉片煙膏數量有多少，希望盡可能得到原供給地的相關情報；

　　3. 沒收的主要中心地點是哪裏；

　　4. 如何判斷鴉片密輸入者的路線或想像的路經是什麼樣的；

　　5. 從事鴉片走私的人的國籍及住所情況；

　　6. 最近十年間正當的鴉片價格與走私的鴉片價格；

　　7. 是否有大規模密輸的團體，如果有這種團體其密輸交易資金的銀行怎麼判明，為防止以上行為有什麼措施；

　　8. 走私的鴉片如何流向消費者；

　　9. 為防止密輸，政府應採取什麼樣的措施；

　　10. 為了防止不正鴉片競爭政府採取措施；

　　11. 各地方不當交易情況如何；

　　12. 政府的防止事務掛是什麼樣的組織，該組織最近的擴張程度如何，最近十年間的經費是什麼樣，這些資金是否以鴉片收入充當；

　　13. 不當貿易中免於沒收的部分大致多少，是如何來定算的；

　　14. 對從事走私及消費走私鴉片的刑罰怎樣；

　　15. 現在鴉片制度對鴉片走私是有增加或是減少的影響；

　　16. 政府對鴉片吸食有效管制的可能性與走私有什麼關係；

　　17. 貴領域內的人在其他地區進行走私的相關罰則貴政府有相關的立法措施嗎；

　　18. 何種行為才算對海關及防止事務掛進行行賄行為，為防止這種行為採取什麼樣的措施；

　　19. 有限定量鴉片消費者追加的供給的密賣嗎。

　　20. 提供密走私相關情報是否給予獎賞，其規定如何；

　　21. 官制鴉片與走私的鴉片有無質量的差異，如果有的話是何種差異；

　　22. 官制鴉片的使用與走私鴉片的使用相比危害小嗎；

　　23. 被沒收的走私鴉片及煙膏的相關規則如何；

　　24. 政府專賣事業的鴉片一般在工廠內製造，不正的鴉片的製造方式是什麼。〔註35〕

〔註35〕（日）《國際連盟阿片關係一件／極東阿片事情調查小委員會派遣關係第三

五、一般性問題

1. 在貴地方鴉片吸食與鴉片吞食的關係如何；

2. 罌粟的栽培如何，在地方上是否許可，如果許可，其條件如何；

3. 最近十年間罌粟栽培地減少面積如何，栽培面積的減少與生產的減少有什麼樣的關係；

4. 最近十年間罌粟的正當生產如何；

5. 是否有罌粟的不法栽培，在地方上如何防範。〔註36〕

六、調查相關一般經濟及其他問題

1. 貴領土主要的文學的及地理的特徵如何；

2. 主要的海陸交通狀況如何；

3. 最近十年間的歲入與歲出的預算及決算；

4. 課稅的主要財源中有那些方面；

5. 能否提供一切消費稅相關的詳細情報；

6. 依據追加課稅現在鴉片稅收所得是多少；

7. 住民的主要生活方法如何；

8. 公眾健康與衛生相關情況如何；

9. 兒童及婦女勞動保護相關的立法手段如何；

10. 失學的百分率是多少；

11. 教育制度的特色如何。〔註37〕

七、鴉片吸食相關的一般情況及生鴉片及鴉片煙膏以外的麻藥管制及不法貿易相關問題

1. 麻藥取締制度的概況；

答覆：麻藥取締管制相關概況附在別冊臺灣鴉片制度的現況中。

2. 生鴉片及煙膏以外的相關藥品一般法令及規則如何；

答覆：在問題答覆所附之中。

3. 生鴉片、煙膏及其他麻藥不正當貿易如果不能全然禁止政府何時才能

　　　卷　分割1》，JCAHR：B04122140500。

〔註36〕（日）《國際連盟阿片関係一件／極東阿片事情調查小委員會派遣関係第三
　　　卷　分割1》，JCAHR：B04122140500。

〔註37〕（日）《國際連盟阿片関係一件／極東阿片事情調查小委員會派遣関係第三
　　　卷　分割1》，JCAHR：B04122140500。

實現鴉片的全禁；

　　答覆：考慮在二、三十年後禁止吸食鴉片。

　　4. 政府就其他麻藥不法貿易及鴉片吸食管制之關係是如何考慮的；

　　答覆：有代替鴉片吸食的「嗎啡」的注射，因而對鴉片取締更為嚴厲，自然對麻藥不法不貿易產生影響，在管制鴉片的同時，也考慮對麻藥的不正當貿易進行取締。

　　5. 鴉片制度的實施會增加其他麻藥的不法交易；

　　答覆：在統計上增加雖沒有這種情況，但有增加的傾向。

　　6. 印度大麻的使用與鴉片吸食的制度有何種的關係，若有請回答下列問題（1）印度大麻的栽培情況；（2）印度有無不正當的大量生產；（3）是否有印度大麻的不正當栽培，如果有其程度如何，在什麼地方；（4）印度大麻製劑是否做獨專事業，如果是其條件是什麼；（5）人種及國籍的印度大麻的主要使用者他們大致的數量是多少；（6）印度大麻的使用是否比鴉片的吸食或吞食更有危害性；（7）印度大麻的輸入、輸出及通過相關規則如何。

　　答覆：本島沒有印度大麻的使用。〔註38〕

　　而對調查委員提出的這些問題，臺灣總督府方面都盡可能做出簡單迴避式的答覆，特別是第七部分「麻藥取締相關一般性問題」應當是最重要的，日本在國際鴉片會議上之所以成為眾矢之的，其原因就是其向中國大陸進行了各種方式的新式毒品走私，但從外交史料館所收錄的資料內容來看，總督府對此問題的答覆非常簡單。從此答覆中也可看出，總督府根本就不想禁止鴉片及毒品的使用，所以回覆時稱「考慮在二、三十年後禁止吸食鴉片」。

　　之後、總督府應調查委員的請求，最後將《一般問題的回答》、《鴉片吸食特許矯正處分的宗旨》、《石井警務局長的聲明》、《鴉片政策新措施相關石井警備局長的聲明》、《州廳、性別年紀級別鴉片吸食特許申請者》、《州廳、性別年紀別矯正治療申請者》、《臺灣更生院（鴉片癮矯正）的概況》、《違反臺灣關稅法檢舉者賞與調》、《最近十年間臺灣物價指數》、《最近十年間臺灣元每年與英鎊對換比率》、《鴉片管理相關牌照及其樣式》等十份鴉片及麻醉品相關文件交給調查委員。〔註39〕

〔註38〕 （日）《國際連盟阿片関係一件／極東阿片事情調查小委員會派遣関係第三　　　　　卷　分割 1》，JCAHR：B04122140500。

〔註39〕 （日）《國際連盟阿片関係一件／極東阿片事情調查小委員會派遣関係第二

小　結

　　綜上所述，日本及臺灣等殖民地對調查委員使盡解數進行恭維，臺灣總督府更是將調查委員奉為「國賓」〔註40〕，日本的這種收買賄賂的方式不能說沒有奏效。調查委員一行於 1929 年 9 月 24 日從緬甸開始進行調查，至翌年 3 月 30 日在朝鮮完成最後的視察為止，歷時整整六個月。委員調查期間曾與 606 人進行面談，其中是臺灣的受訪者即達 140 名，由此可推測臺灣可說是此次調查中最受重視的地區。調查委員在返回日內瓦半年之後的 11 月，向國際聯盟理事會提出《遠東鴉片問題》調查報告書。調查報告書的內容共分四篇：「第一篇載明調查原由及方法；第二篇說明遠東地區一般吸食鴉片的現象；第三篇則記述實際執行鴉片取締、履行國際義務和取締違法交易時所遭逢的問題；第四篇則為調查委員會的結論與對當事國及國際聯盟的建議。」〔註41〕報告書特別強調朝鮮等「絕對禁止吸食鴉片之處」。特別是臺灣部分，「則稱許臺灣無論是在遏止鴉片吸食還是採取漸禁措施方面，都是足以為其他地區的優良模範。」〔註42〕關於日本政府的評價，完全合乎日本的期待。

　　　　卷　分割 1》，JCAHR：B04122139300。
〔註40〕《臺灣民報》，昭和 5 年 2 月 15 日，同年 3 月 8 日，同年 3 月 15。轉引自劉明修著，李明峻譯，《臺灣統治與鴉片問題》，第 174 頁。
〔註41〕劉明修著，李明峻譯，《臺灣統治與鴉片問題》，第 175 頁。
〔註42〕劉明修著，李明峻譯，《臺灣統治與鴉片問題》，第 177 頁。

第十四章　日本在國際鴉片會議的窘境

　　1909 年國際鴉片委員會在上海召開了禁毒會議，中、法、俄、德及日本等 13 個國家參加了這次會議，會議作出了 9 條禁毒方面的建議性決議。該決議雖然對簽字國不具有約束力，但其事實上已成為國際合作禁毒的開端，也是第一個國際禁毒公約。1912 年 1 月，在海牙召開了第一次國際禁毒會議，並發表了《海牙鴉片公約》。1920 年國際聯盟成立後，在其章程中明確規定其具有監督國際間鴉片及其他麻醉藥品貿易的使命，並於當年 12 月舉行國際禁毒第一屆執行會議，同時創建了鴉片及其他毒品顧問委員會，每年召開一次會議，向國聯提出督促禁毒的建議。而海牙國際鴉片條約雖就鴉片吸食等問題進行了國際性的初步的規範，但也存在若干缺陷，批准國少，且在付諸實施中，對醫藥用鴉片沒有具體的限制規定，同時，對各國鴉片生產也沒有具體的限定。美國認為限制鴉片生產，是遏制全球毒品泛濫的關鍵，向國聯提出請求召開國際禁毒會議，國際接受美國的建議，決定在日內瓦召開。

一、日內瓦國際鴉片會議

　　1923 年 5 月美國向國聯秘書長發電，請求在五屆鴉片諮詢委員會會議中，討論有關毒品生產與交易的提案：「一、除醫藥用及學術用目的以外的鴉片產品使用即是濫用，是不正當的行為，違反海牙鴉片條約的精神；二、為防止鴉片的濫用，須限制鴉片的生產，故有必要去除用於非正當目的的過

量生產。」〔註1〕

　　但此提議馬上受到英國的強烈反對。英國當時擁有印度等殖民地,而印度、土耳其及波斯是當時世界三大鴉片生產基地,不僅控制著印度出產的生鴉片,同時利用印度殖民地地緣上便利條件,通過管制運輸及加收通航費用等手段,間接地控制著土耳其及波斯產的鴉片。英國當然無法接受美國的這個提案,並向國聯提出反對性的提議,主張鴉片生產的限制應由生產國自行決定,而不應當受海牙條約中如何使用的限制。〔註2〕

　　英國提出,應將會議分為二個部分,第一個會議包括那些容許在其領土的全部或一部吸食鴉片的國家,專門討論吸食鴉片的相關問題;第二會議則為專為醫藥用或學術用而製造麻藥的國家設立。英國之所以主張分別召開兩個會議,其主要目的將對吸食鴉片及新式毒品問題採取最嚴厲態度的美國,從容許吸食的國家會議中排除出去,因為當時美國在其殖民地菲律賓等地,採取了極為嚴格的禁止吸食鴉片的政策。

　　接受美、英國兩國相反提議的國際聯盟鴉片諮詢委員會,擔心會議會產生糾紛,接受了英國的建議,以英國的提案為基礎,理事會預先將會議分為兩個部分,第一會議是領土之一部分或全部容許吸食鴉片的國家,即中國、英國、日本、法國、荷蘭、葡萄牙、泰國、印度等八個國家的代表組成,主要議題是協議有關吸食鴉片的問題;第二會議是有關生產及使用醫藥用或學術用麻藥的會議,由國際聯盟全體會員國的代表參加。

　　日本對將美國排擠出第一個會議極為興奮,欲通過這次會議洗刷自己的污名,派出原臺灣總督府專賣局長、總務長官賀來佐賀太郎,及當時在巴黎國際聯盟事務局局長杉村陽太郎、醫學博士宮島干之助,內務省技師鶴見三三博士、安香愛二等重量級專家,擔任日本政府的首席全權代表。〔註3〕

　　排除了國際鴉片問題監督者美國之外的第一個會議,成為「貓不在時的老鼠聚會」。會議糾葛於海牙鴉片條約的相關議題,只強調印度等鴉片生產國的鴉片生產量,致使中國代表表示「道路漫長,奸策無益」而中途退出該會。〔註4〕「鴉片的生產國英國」和「鴉片的走私國日本」,也因為日本走私鴉片

〔註1〕　(日)國際連盟協會,《阿片會議の解說》,大正14年,第16頁。
〔註2〕　(日)荒川淺吉,《阿片の認識》,發行人:樂滿金次,昭和18年,第105頁。
〔註3〕　(日)宮島干之助,《國際阿片問題の經緯》,日本國際協會,昭和10年,第6～7頁。
〔註4〕　(日)荒川淺吉,《阿片の認識》,發行人:樂滿金次,昭和18年,第108頁。

至中國而引發正面衝突，使會議多次瀕臨破裂。〔註5〕

　　但本意利用此次會議的日本代表並沒有放棄，賀來佐賀太郎積極周旋，並在會議發言中闡述日本的觀點，主張借鑒臺灣的經驗，最終達成完全的禁止，並承諾暫就海牙條約第二章之規定，就鴉片相關條約的修正進行協商。〔註6〕英國雖與日本產生衝突，但還是接受了日本的主張，通過《日內瓦第一鴉片條約》。

　　《日內瓦第一鴉片條約》共分十五條，附屬議定書八條。其要旨為生鴉片及煙膏的輸入和分配為政府獨佔事業；鴉片吸食僅限已成癮者，且嚴禁未成年者吸食；限制鴉片煙膏的零售店和煙館的數量，並禁止煙灰的買賣；在學校進行戒煙的教育；締約國官員之間進行相關情報交換；禁止向輸入吸食用鴉片的地區輸出鴉片，鴉片通關和存關須有輸入政府交付的輸入證明書；定期召開會議以促進各國合作取締不當交易和交換情報，以及審查海牙條約和本條約的實施狀況等等。〔註7〕

　　由於第一個會議形成「條約」，並未提及美國所主張的對鴉片過剩生產的限制，故第二個會議從一開始就矛盾重重。美國代表柏古首先提議就鴉片、古柯葉的生產進行限制，認為會議的對象不應限定於麻藥問題，亦應包括第一會議的鴉片吸食議題，並主張對第一個會議形成的條約進行修正。

　　英國方面則主張，禁遏麻藥和吸食鴉片為完全不同的兩個問題，並動員各鴉片吸食國封殺美國，但美國並不妥協，態度極為強硬，並以若不能滿足限制鴉片過剩生產為會議的必要條件，美國即不簽署任何條約。

　　儘管美國代表的提議代表著正義，也獲得國際輿論的強力支持，但由於這是因為出席會議的主要國家均在東南亞擁有殖民地，而美國的相關提案，將斷絕其在殖民地經營最重要的財源，故各國都不支持美國，使美國在第二會議上也幾乎是處於孤立的狀態。美國代表最終被迫退出會議。而中方代表，為表達對美國的支持，也隨之退出會議。

　　在美、中兩國退出會議之後，留在第二個會議的其他國家即迅速整理各項議案，通過了主要針對麻藥及其原料的全文共三十九條的《日內瓦第二鴉

〔註5〕 劉明修著，李明峻譯，《臺灣統治與鴉片問題》，第150頁。
〔註6〕 （日）荒川淺吉，《阿片の認識》，發行人：樂滿金次，昭和18年，第119頁。
〔註7〕 （日）《阿片ニ関スル條約及決議聚／1928年／分割1》，JCAHR：B1007028
　　　4900。

片條約》〔註8〕。其主旨如下：一、作為原料的生鴉片、古柯鹼的生產、分配、輸出入等事項的法規的設立；二、制定麻藥國內管理上的製造、輸出入、販賣的許可制度；三、有關印度大麻不當交易的取締事項；四、制定國際交易的管理規則，所有的輸出入必需發給許可證，通過第三國或進口港時，提出其許可證複印本；五、設置監督條約履行狀況的中央鴉片委員會，其任期為五年；六、有關條約解釋或適用相關紛爭發生時，由理事會特別任命的專門機關來進行解決，如果不能解決，則交給常設國際司法裁判所。〔註9〕

　　根據上述內容分析來看，由於鴉片及新式毒品涉及到各國的巨大經濟利益，故除美國外的其他國家儘量避免條約觸及到自身利益，使得這二次鴉片會議的成果並不顯著，但這二次鴉片會議卻將從圍繞著中國這一單純區域的鴉片問題，發展為世界性的國際政治問題。

二、日本在國際會議中的尷尬

　　日本至 1933 年 3 月退出國際聯盟為止，出席了所有鴉片相關的國際會議。這不僅是因為日本在其殖民地臺灣、朝鮮及滿洲等地實施鴉片專賣制度，更因為這些地區都與中國的鴉片的密輸入，特別是麻藥的走私問題有著極深刻的關係所致。

　　日本因甲午戰爭、日俄戰爭的勝利，取得向中國這片有著廣大的鴉片消費地進軍的機會。日本政府以殖民地臺灣的鴉片政策為藍本，在朝鮮、關東州等地，實施各種所謂的鴉片「漸禁」、「禁止」的政策，但實際上日本以蠻橫的態度恣意揮灑運用這些制度，不但公開允許殖民地人民吸食鴉片，甚至還非公開允許或默許日本人從事嗎啡等新式毒品的走私，連日本人自己都言：「當局以國際親善為理念，以國際條約為原則，一方面熱心進行取締，但其背後，日本人與大多數鴉片、嗎啡的密賣有著關係，鴉片相關人員另行別論，嗎啡及麻醉毒品的相關者，十有八九都是日本，這是現實的情況。製造輸出國是英國及德國，但中介者多是日本人，另外，零售商也多為日本人。」〔註10〕

〔註8〕　（日）《阿片ニ関スル條約及決議聚／1928 年／分割 1》，JCAHR：B100702
　　　　84900。
〔註9〕　（日）宮島干之助，《國際阿片問題の經緯》，日本國際協會，昭和 10 年，第
　　　　9～10 頁。
〔註10〕　（日）菊地酉治，《阿片害毒に運動する關意見》，《阿片問題の研究》，國際

根據日本人自己的研究，1928 年在日本內地及各殖民地的日本人及日本籍民的鴉片及嗎啡類新式毒品的中毒者數量為：「臺灣人（鴉片及嗎啡中毒者）約十萬至十五萬人；朝鮮人（主要是嗎啡中毒者）約七萬至十萬；內地居住的朝鮮人（嗎啡中毒者）約一千一百人；內地日本人（嗎啡、可卡因中毒者）約二萬一千人三萬。」〔註11〕

從上述數字分析來看，由於日本對各殖民地鴉片及毒品的縱容行為，不但各殖民地在日本統治近三十年之久，依然存留著大量的鴉片吸食者，即使是在日本本土，也出現大量的新式毒品的使用者。而且日本在殖民地採取欺騙做假的行為，如「在朝鮮某道，在官員的調查時，嗎啡及鴉片吸食者的登記人數只有一人，但被檢舉出來的鴉片量一次竟然就高達七、八十磅，是幾千人的吸食量。又有某道言沒有一個中毒者，但一間藥種商卻每月賣出幾千隻嗎啡注射針。」〔註12〕連日本學者自己都認為「全無取締的實績，表裏相差甚遠。」〔註13〕

日本表裏不一的國家販毒行為，引起國際輿論的強烈譴責，也引起了中國方面的反擊。中國在 1906 年開始的「十年禁絕（鴉片）計劃」，雖因 1911 年辛亥革命而被淡化，但因為如前所述，日本在第一次世界大戰中及其後數年佔領青島期間，曾利用臺灣總督府製造鴉片煙膏的過剩設備，向青島地區輸出鴉片煙膏是基本的歷史史實，故中國方面認為日本政府向中國大陸地區鴉片的輸出和其後各地民間走私，是中國鴉片禁絕計劃失敗的根本原因。1921 年 11 月召開的華盛頓會議期間，中國代表施肇基以日本從關東州向中國領土走私鴉片為主題，指責日本違反關東州租借條約，甚至提出要求日本歸還關東州。〔註14〕

由於近代的中國是鴉片的最大受害國，故中國代表的發言，得到國際輿論一致同情，同時也增加了對日本的不信任。日本人亦圖謀在國際鴉片會議上洗清罪名，但卻遭到美國、英國及中國的強力反擊。

日內瓦第一鴉片會議上，英國就鴉片問題集中對日本展開攻擊。會議召

　　　　聯盟協會，昭和 3 年，第 4 頁。
〔註11〕 （日）菊地酉治，《阿片害毒に運動する關意見》，《阿片問題の研究》，第 6 頁。
〔註12〕 （日）菊地酉治，《阿片害毒に運動する關意見》，《阿片問題の研究》，第 6 頁。
〔註13〕 （日）菊地酉治，《阿片害毒に運動する關意見》，《阿片問題の研究》，第 6 頁。
〔註14〕 （日）花井卓造，《阿片事件弁論速記》，星製藥株式會社，大正 15 年，第 11 頁。

開之時，正是關東廳鴉片事件最終判決出爐之後。而日本「就與經濟密切聯繫的鴉片問題上，有數萬以上的事件，浦鹽高田商會的嗎啡押收事件、星製藥的鴉片密輸事件、大連鈴木商店的鴉片密輸事件等」〔註15〕發生。日本在會前已經考慮到自己的處境，故特別派遣前臺灣總督府總務長官賀來佐賀太郎參會。

英國代表在會議極力攻擊日本，提出「在中國各地取得有關日本人鴉片或麻藥事件的新聞報導為證據，力陳日本官民一體從事鴉片或麻藥走私販賣的事實。在日本代表提出反駁後，英國代表立即介紹關東廳鴉片事件，以預先準備的旅順法院判決書，和日本報紙對朝野就該事件的攻防報導，翻譯成各國文字並分送各國代表，證明日本代表的反駁並不正確，而英國代表的指控為實。此點立即在各國代表間引起極大迴響，同時，如同為英國代表助威一般，中國代表亦反覆告發關東廳鴉片事件，並斷言世界最大的鴉片或麻藥走私港口為關東州。此舉使日本代表更陷入困境。」〔註16〕

對於英國和中國代表的指責，日本代表只好以退出會議的方式來抵抗。由於美國已經宣布退出會議，日本再退出，那麼會議將無法進行下去，故會議只得暫時休會。賀來利用大會休會期間，寫成《日本帝國鴉片政策》一書，分送各國代表。該書收藏於《阿片問題的研究》中。該書分為緒言；第一章日本帝國鴉片制度；第二章臺灣鴉片制度；追錄及附錄五個部分，主要以在殖民地臺灣所實施的漸禁鴉片政策為內容，以證明日本在臺灣所實施鴉片政策的成果，表明日本政府並未追求鴉片的經濟利益。〔註17〕

當時美國已經被英國從第一個會議中成功逐出，如果日本再退出，則難有實效的成果出來，故接受會議主席荷蘭代表的斡旋，英、日兩個鴉片製造販賣國相互妥協，簽署了日內瓦第一鴉片條約。

三、「麻藥製造限制會議」中日本的窘境

日內瓦第一及第二條約分別於 1926 年 7 月 28 日及 1928 年 9 月 25 日分別生效。日本於 1928 年 7 月 26 日分別批准了上述兩個條約，並於次年 1 月 8 日生效。另外，在日本的殖民地臺灣及關東州也適用於第一條約。為

〔註15〕（日）菊地酉治，《阿片害毒に運動する關意見》，《阿片問題の研究》，第 8 頁。
〔註16〕劉明修著，李明峻譯，《臺灣統治與鴉片問題》，第 163 頁。
〔註17〕（日）《阿片問題の研究》，國際聯盟協會，昭和 3 年，第 133～176 頁。

保證上述兩個鴉片條約的貫徹執行，由英、美、法、德、伊、印、芬及日本等國的八名委員，組成了「鴉片中央委員會」，檢查鴉片相關條約實施的情況。

　　上述兩個條約在實施的過程中出現了若干問題，各國政府也都有各種怨言，實際操作也有許多不明之處，故以各國代表組成的「鴉片中央委員會」的提案為基礎召開了預備會議，並於 1931 年 5 月 27 日在壽府召開了「麻藥製造限制會議」。

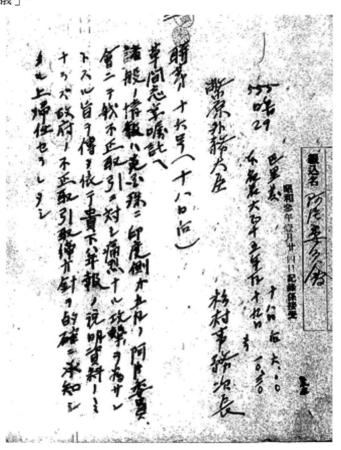

　　這次會議有 58 個國家參加，議題也具有較高的技術含量，各國也紛紛派出重量級人物參加，英國派出了內務次官、葡萄牙派出了原殖民地總督、印度派出了專賣局局長、中國派出了駐伊公使朱兆莘參加此次會議。〔註 18〕當時日本派出駐瑞士大使澤田節藏，內務省書記官大達茂友及內務省技師松尾仁及外務省文官草間志享等參會。

〔註 18〕　（日）《委員會參考資料干係》，JCAHR：B06150880300。

　　此次會議召開了多次預備會議，據現存資料記載達八次之多。〔註 19〕在
這些會議中，以英國為首的國家，就日本從臺灣向大陸走私新式毒品、鴉片
的輸出問題、麻醉品的走私問題、日本製造可卡因的數量及輸出入的許可等
問題，向日本提出質問。〔註 20〕而且「諮問委員會」起草提交的「限制案」，
對日本這個新的麻藥製造大國極為不利。〔註 21〕

　　印度首先向委員會提出，印度以犧牲財政年度額的一百數十萬為代價，
禁止醫藥用以外的鴉片的輸入或限制內禁止的新式麻藥，同時，為防止不正
當走私而取消了拍賣制度，不管有無輸入證明書，在大連、澳門等地實施禁
止輸出。同時，印度也就日本鴉片及麻藥問題，提出「痛列的攻擊」。〔註 22〕

　　英國委員就日本向中國走私日本製麻藥類，特別就精華、江東、三共及
星製藥等秘密走私大量麻醉品，對日本政府提出質疑，認為日本對其製造
業者沒有充分地管理，故其誠意十分值得懷疑。要求日本政府提供星製藥
的「鴉片事件」裁判相關資料及其後的情況，特別是麻藥類製造的許可等。
另外，就「大連事件」，英國代表認為同地官員的管理問題嚴重。〔註 23〕

　　日本政府向「咨問委員會」提交了「關東州鴉片制度及取締狀況」、「1923
年本邦製海洛因、可卡因製造量消費量」、「大正製藥鴉片密賣之件」、「星製
藥及『ミッドヴロード』事件相關之件」等資料，進行說明。〔註 24〕

　　依據國際聯盟做成的各國年報摘要中的附屬一覽表，嗎啡、海洛因及可
卡因的國內使用量，包括輸入量、製造量及輸出量等，每年竟然達到千公斤
以上。除去美國的「可卡因」，僅日本一個國家的使用量就比其他國家就多出
數倍。

　　根據保健委員會確定的使用量，與鴉片製劑一人一日使用量 45（ミリ）

〔註 19〕　（日）《開會期日通知及日程ニ干スル件》，JCAHR：B06150879600。

〔註 20〕　（日）《草間囑託〔囑託〕來信》，JCAHR：B06150879500。

〔註 21〕　（日）宮島干之助，《國際阿片問題の經緯》，日本國際協會，昭和 10 年，第
　　　　　12 頁。

〔註 22〕　（日）《阿片諮問委員會》、《議事內容（1）》，JCAHR：B06150879200；B0615
　　　　　0880200。

〔註 23〕　（日）《阿片諮問委員會》、《議事內容（1）》，JCAHR：B06150879200；B0615
　　　　　0880200。

〔註 24〕　（日）《関東州ニ於ケル阿片制度及取締狀況ニ干スル件》、《1923 年度本邦
　　　　　制「ヘロイン」「コカイン」製造量消費量ノ件》、《大正制藥払下阿片密買ニ
　　　　　干スル件》、《星制藥及「ミッドヴロード」事件ニ干スル件》，JCAHR：B0615
　　　　　0879700；B06150879800；B06150879900；B06150880000。

相較，日本的可卡因、海洛因等，多使用在在醫藥上顯然就是一種辯解，因其數量遠遠超過其他國家使用數量。委員會例舉了日本三共、江東、精華等製藥公司秘密走私的數量如下表：

年　月　日	品　種	數量（盎司）
7 月 17 日（1930 年）	可卡因	100
7 月 21 日	可卡因	15
7 月 28 日	可卡因	275
9 月 7 日	可卡因	3
9 月 30 日	可卡因	412
----	海洛因	878
----	海洛因	66
----	海洛因	245
----	海洛因	50
----	海洛因	725
----	嗎啡	30
----	可卡因	50
----	海洛因	25
----	可卡因	100
11 月 21 日	可卡因	200
1 月 6 日	可卡因	5

*此表根據《委員會參考資料干係》（B06150880300）之內容整理而成。

　　根據上表，日本僅在 1931 年一年間，就秘密走私嗎啡 30 盎司、可卡因 1160 盎司、海洛因 1989 盎司，可見日本利用東亞殖民地體系進行販毒的猖獗。

　　由於委員會原文審議由諮詢委員會所做的消滅的限制案，對日本極為不利，以至於日本不能接受此案。隨後日本一改最終的反對，強力主張訂購製造限制案。雖然日本的提案也受到英國、法國及德國的反對，但由於此事涉及大多數國家的經濟利益，最後在各方的妥協下，在對條約進行了大修改，以第七章第三十四條為基礎，形成《麻藥製造限制及分配條約》，其內容大體中下：

　　第一章　規定，本條約規定列記適用麻藥品種，其製造、轉換、保管、

預備在庫品、政府用在庫品等。

第二章　規定醫藥及學術用國內消費量、轉換量及在庫品保有數量的保管相關規定，及各國提出的查定保管監督機關的機能。

第三章　各國制定限制製造超出其正常需要量的條款，規定不得製造超過其一年內消費、轉換、預備在庫品、政府用在庫品及預定輸入的總計量，規定製造過剩的量，由次年度製造量中減去，同時，規定超過數量的處理方法。

第四章　規定禁止麻藥製造及限制規定，特別是「海洛因」及其鹽類及本藥含有製劑的輸出，必須制定嚴禁的「海洛因」貿易相關的規定，對將來製造出來的一切鴉片類及可卡叶「アルカロィド」，僅限於用於醫學及科學用的价格，不得進行其他方面的製造及貿易，並規定其他麻藥相關輸入條件。

第五章　第一條第二項明確列舉壽府條約取締規定的麻藥各適用本法，對「可待因」等，也採取許可制度，國際貿易應置於輸出入證明制度下，麻藥輸出入的監督由現在鴉片中央委員會承擔，並規定預算以外的輸入時不得輸出。

第六章　國內行政條款中應規定，各締約國應為麻藥管理設立特別行政機關，由製造者每四年向其報告麻藥的製造原料及製品的數量，並規定沒收之麻藥的處分相關法規。

第七章　本條約實施上的一般條款中應規定，麻藥製造、轉換的許可乃至廢止相關手續、本條約實施的相關法規的相互通報、向中央委員會提出的本條約實施狀態的年報及統計年報的記載事項。其他不正買賣情報的交換、本條約與海牙條約及壽府條約的關係、尚有紛爭時的措施、其他保留、署名、批准、加入及發效等相關規定。〔註25〕

日本於 1930 年 5 月以內務省令第十七號公布修訂了麻藥管理規則，1934 年才正式以內務省令第三十三號對外公布。

四、日本繼續搪塞國際社會

鴉片中央委員會成立後，協合鴉片諮詢委員會進行各樣工作，日本也參與其中。但日本向國際諮詢委員會所提交的鴉片及各種麻藥製品的報告，時常讓日本委員陷入窘境。日本在 1930 年時提交的報告中，在其六倍功效於嗎

〔註25〕（日）宮島千之助，《國際阿片問題の經緯》，第 13～14 頁。

啡作用的海洛因的消費上做了文章。當時世界平均一般人口百萬的消費水平只有 5 千克，而法國是 21.6 千克，日本為 20.71 千克。日本、法國、美國三國每百萬人口的消費量，如下表（計量為千克）；

國別	鴉片	嗎啡	嗎啡エスター	海洛因	計
日本	48.45	141.40	----	128.24	372.09
法國	243.54	642.00	46.00	190.00	1121.54
美國	34.56	219.90	----	1.23	255.69

*此表根據宮島干之助《國際阿片問題的經緯》第 28 頁之內容整理而成。

　　日本的高度消費令人懷疑其不正當貿易的存在。鴉片中央委員會要求日本闡明其理由。另外關東州的麻藥輸入消費報告也存在著問題。日本當年上報的百萬人口的消費量為嗎啡 113.19 千克、海洛因 35.74 千克、可卡因 22.98千克。〔註 26〕

　　當時關東州是允許鴉片吸食的，故一般類麻藥的消費按常理應當不多，但情況恰恰相反。因關東州所提交的不正當貿易的相關數量極高，其具體如下表（計量單位為千克）：

鴉片	9,190	粗製可卡因	37
嗎啡	146	可卡因	359
海洛因	120	印度大麻	37,220
可卡葉	12	印度大麻樹脂	2,313

　　根據上表的記載來看，嗎啡、海洛因等的使用量並沒有什麼大的出入，但可卡因卻增加了近 60%。由於大麻及大麻樹脂的大量應用，故推斷可能以「可待因」等代替的可能性。鴉片中央委員會據此向各國要求「可待因」類麻藥製造及消費的報告。

　　另外鴉片委員會在審查各國年報時，關於日本生鴉片的集中囤積，臺灣粗製嗎啡的處理方式及海洛因、可卡因的消費過大等問題，也都成為委員會的議論話題。連日本人自己都言「更令人遺憾的是，本邦蒙受著將所製的麻藥，向以印度為首的中國及其他地區進行秘密走私之名，數年以來一直都成為鴉片諮詢委員會的重要問題。現在，鴉片中央委員會也經常就此進行

〔註 26〕　（日）宮島干之助，《國際阿片問題の經緯》，第 28 頁。

議論。雖然沒有具體的證據，但長期處於這種困境中，我國的威信將受到極大的損害。」〔註27〕

　　日本駐鴉片委員會委員宮島干之助雖以海洛因及可卡因的其他代用藥日本還沒有歐美諸國那樣興盛為由，來強調解釋日本之大量使用的海洛因及可卡因。但他還是向日本政府提出中肯的建議，也提出了自己的擔心：「然而，如果以本邦麻藥的真相來考慮，海洛因、可卡因等的製造，不是明顯超過正常需要了嗎？麻藥管理規則雖然已經改正，期待今後其管制也要從嚴，將此等的製造量逐漸降低，直到降至真的正當需要量為止。萬一我國的海洛因、可卡因等等的危險麻藥依然生產過剩，而不能正當地輸出，國內將可能出現麻藥濫用的弊端，誰都不能保證這樣的禍事不會出現，現在我們不進行防範，將來慘禍發生時再找對策就為時已晚。」〔註28〕

　　從宮島干之助的上述表述中可以瞭解到，日本官員明明知道日本的走私行為，但也很無奈，只好以委婉的方式提出建議罷了。

　　1931年時，日本依然按慣例向鴉片中央委員會提出了統計報告。但日本政府所提出的數據，1931年度的在庫數量，與統計總監表計算的數量之間，存在著大量的偏差，其偏差表內容如下（計量單位為千克）：

藥品別	地域別	報告數量	計算數量
生鴉片	關東州	18,955	10,317
	朝鮮	7,082	5,932
	日本	30,560	34,642
嗎啡	關東州	----	388
	朝鮮	202	376
	日本	332	207
海洛因	關東州	----	154
	朝鮮	207	201
	日本	132	101
	臺灣	6	2

〔註27〕（日）宮島干之助，《國際阿片問題の經緯》，第32頁。
〔註28〕（日）宮島干之助，《國際阿片問題の經緯》，第32頁。

	關東州	----	2
可卡因	朝鮮	22	18
	日本	860	600

*此表根據宮島干之助《國際阿片問題的經緯》第49～50頁之內容整理而成。

鴉片中央委員會向日本提出：

第一、生鴉片係日本政府的專賣品，其出納應當十分嚴格，但上述在庫數量存在著很大的偏差，令人十分費解。關東州部分，上年度與今年度的報告數量也偏差很大。另外，朝鮮、日本前年度與本年度的偏差也很大。

第二、嗎啡、海洛因及可卡因方面，關東州之部分最不可思議，即是前年的在庫量、本年度的輸入、製造等全無，但卻有相當大的消費及大量的嗎啡及海洛因的輸出。

第三、計算日本、朝鮮及臺灣的嗎啡、海洛因及可卡因的在庫數量也不能相統合，主要問題出現在消費量方面。

第四、關東州本年度的嗎啡及海洛因的消費率極高。〔註29〕

議長英國人也向日本提出：「委員們無法相信如此之高的嗎啡和可卡因消費，是正當的行為，並且希望日方解釋，在此事中，日本官方的責任是不是更大，因為大多數的租界的居民不是日本人，而是日本政府庇護下的外國人。」〔註30〕

對日本販毒行為，早就引起了各國的注意，並成為每屆鴉片會議的被告。七七事變以後，隨著中國戰場的開展，日本的國家販毒活動再次受到世人的關注。就連日本的中國近代政治外交泰斗植田捷雄教授，也對「滿州事變」以後的日本在中國的鴉片政策進行批評：「其目的是向中國民眾銷售鴉片，助長其吸食習慣，以使其體力低落，弱化其抗戰意志力，同時以此所獲之利益，作為繼續準備戰爭的財源，並充做供應於佔領地區樹立傀儡政權的資金……隨著戰果的擴大，日軍及其民間各機關獎勵鴉片及其麻藥的生產輸入，利用治外法權的存在，以幾乎無限制地販賣方式，展開廣泛的活動……在戒煙的名義下，事實上創設鴉片專賣制度，儼然成為鴉片交易的總源頭……同時，因為日本表面上向世界宣稱，本國已履行對其他有關麻藥取締的條約，並以身為一介當事國，充分與其他相關國家合作……這是

〔註29〕（日）宮島干之助，《國際阿片問題の經緯》，第51～52頁。
〔註30〕（日）宮島干之助，《國際阿片問題の經緯》，第52～53頁。

日本鴉片政策被各國嚴厲譴責為無恥的背德行為之故。」〔註31〕

　　日本在鴉片中央委員會的官員也認為日本必須注意自己的行為：「我國雖屬行麻藥的管制，但多年以來在國際上頗受疑惑及成為關注焦點的海洛因、嗎啡的製造及消費亦在減少，唯有關東州的統計報告不精確，招來疑惑。特殊的是該州是租借地，居民大部分都是中國人，其對麻藥的管制比日本更為嚴厲，現在我帝國已經正式承認滿洲國的存在，在世界都將側目之際，因麻藥這樣的小問題，傷及到我帝國的威信，是不值得的，故應當細心加以注意。臺灣的粗製嗎啡經政府來進行，應當沒有什麼大問題，但同地的粗製可卡因及可卡因的製造，卻逐年增量，1931 年末的在庫量粗製可卡因1153 千克、可卡因達 151 千克，而這裡又沒有正當的輸出，這種越來越多的蓄積，如果沒有正常正當的處理辦法，早晚會出現問題。」〔註32〕

　　從宮島干之助的警告來看，日本明明知道自己的販毒行為是違背國際法的，但為了攫取更大的經濟利益，不惜以說謊來搪塞國際社會。1933 年 2 月 25 日，日本正式退出國聯。以後日本不再參加國際鴉片會議。

小　結

　　綜上所述，日本在日內瓦國際鴉片會議上，日本雖盡全力，但終究還是沒有能洗刷掉從事鴉片與麻醉品買賣的罪名，也沒有能阻止國際聯盟調查團的行程。此後，日本在國際鴉片會議中繼續說謊，在年度報告中以不實的數字來欺騙國際社會。

〔註31〕植田捷雄，《東洋外交史》，東京大學出版社，昭和 49 年，第 613～614 頁。
　　　　轉引自劉明修著，李明峻譯，《臺灣統治與鴉片問題》，第 167 頁。
〔註32〕（日）宮島干之助，《國際阿片問題の經緯》，第 54～55 頁。

第十五章　杜聰明漸進戒除法沒能
　　　　　瓦解臺灣的鴉片制度

　　杜聰明（1893 年 8 月 25 日～1986 年 2 月 25 日），字思牧，出生於臺灣淡水鎮北新莊，1922 年獲得京都帝國大學醫學博士，是第一位獲得日本博士學位的臺灣人，後為臺北帝大醫學部唯一的臺籍教授。杜聰明在科學研究上，嗅覺十分敏銳，他以鴉片、中藥與蛇毒為重點，開啟了繼馬偕（教會醫療期）、掘內次雄（現代醫學教育期）後的臺灣「現代醫療期」。他個人具有強烈的民族主義意識，早年曾投身於臺灣近代民主運動，後專注於科學實驗與研究，曾針對鴉片癮者研發出副作用較輕微的漸進禁斷療法，完成世界唯一的孕婦癮者暨新生兒健康調查報告等，其最大貢獻是開創了尿液檢驗鴉片用量法。這種尿液檢驗法後發展成為體育比賽上的尿液檢驗興奮劑法，至今依然被使用著。

一、曾經的熱血青年

　　杜聰明 1893 生於臺北淡水北新莊車埕百力戞腳一個家境小康的農家，幼年時在哥哥開設的私塾讀書，奠定了紮實的漢文基礎。年紀稍長之後，杜聰明進入滬尾公學校（今淡水國小）就讀。在小學校時代，對杜聰明影響最大的有兩位，一位是恩師的朋友岡本要八郎先生，這位先生是一位國小教師，醉心於礦石的研究，所以家中擺滿礦石，這樣的礦物研究也許是使杜先生對顯微鏡、放射性攝影和標本產生興趣的一個重要原因吧。另外一位則是他的日本籍校長小竹德吉，這位校長非常喜歡杜聰明，認定杜聰明天資

聰穎，又肯努力，將來必有前途，於是要他住進校長的公館，以便就近栽培。杜聰明果然沒有辜負校長的期望，在 1909 年以第一名的優異成績畢業，獲臺北廳長優等賞，並以高分考取臺灣總督府醫學校，因體檢丙下，險被拒入學，在校長溝通下，才得以順利入學。

杜聰明入學後，就與思想進步的醫學校同學蔣渭水、翁俊明、蘇樵山、曾慶福等情趣相投，常至和尚洲（蘆洲）秘密集會，討論中國時局，並募款寄往大陸，作為革命經費。他們還聯合起來在學校的公園門口設一店鋪「東瀛商會」，販賣文具、圖書、雜貨。這個小鋪子「東瀛商會」，可另有文章。他們時常利用這間小店面為障眼，在此秘密集會，一邊學習北京語，一邊討論中國時局變化，有時還募款寄往內陸贊助中國革命。

1911 年，中國革命成功，令這群青年聞訊興奮不已。誰知，不久又傳來袁世凱想稱帝的消息。眼看中國現代化的夢想又將延後，氣結之餘，有人提議不如把袁世凱暗殺掉。此語一出，眾人紛紛點頭贊成；問題是，要怎麼做才能成功。

由於他們平日即很留意中國大陸的動態，知道大陸每年都有霍亂流行，天真地認為如果能污染北京市水源地，讓袁世凱喝下含有霍亂孤菌的水，不就解決問題了嗎！於是他們推派杜聰明及翁俊明兩人擔此重任——前往北京，以霍亂弧菌污染水源地，毒殺袁世凱。

提出謀殺袁世凱的人是蔣渭水，但派出的人卻是杜聰明。當時杜聰明才十八歲，是臺灣總督府醫學校二年級學生。杜聰明之所以受此重任，原因很簡單，因為杜聰明對細菌學最有興趣和心得。1912 年暑假，杜聰明特別要求進到總督府中央研究所細菌研究室，學習各項操作手續。

同年七月，杜聰明等備妥培養皿、試管以及從實驗室中盜出的霍亂弧菌，向母親稟報要去日本旅行後，便與翁生在眾同志的祝福下，從基隆港登上信濃丸號。他們的行程如下：先由基隆搭船至神戶，再由神戶轉搭另一條船到大連，最後才由大連乘火車南下目的地北京。他們繞道日本的原因是為了逃避簽證，因為當時由臺灣直接赴大陸需要簽證，但是從日本赴滿洲則不必。

兩名小刺客來到日本，一找到落腳處後，就買了本北京旅游手冊，詳細研究起北京的市街圖。待詳細研讀完畢後，他倆便啟程前往大陸。進了北京城，兩人按圖索驥，找著水源地後，才發現情況與臺北完全相反。北京的水

源地不像新店水源地採用開放式，而是警備森嚴。兩人盤桓數日，始終找不到投擲病菌的門路；更糟的是，他們開始覺得不對勁，身後彷彿有人跟蹤。事已至此，只好放棄原定計劃，迅速離開了是非之地。

自上海往基隆的回程中，又是一驚。因為從大陸到臺灣需要簽證，而他倆事前並未申請護照。好在運氣不差，同船乘客中，有一位從北極探險歸來的白瀨中尉，肚子裏有一籮筐冒險故事，聽得整船乘客如癡如醉，其中也包括日本水上警察大人在內。於是，這兩名證件不齊的青年才得以乘機蒙混過關。

故事中的三名主角，日後各有不同際遇，鼎鼎大名的抗日鬥士蔣渭水，後來帶領臺灣民眾黨，積極進行反殖民政府運動。刺客翁俊明（旅日名歌星翁倩玉的祖父），醫學校畢業後，前往中國內陸行醫，並積極參與建設中國的工作，1934 年病逝福建，未能親眼見到臺灣光復。而杜聰明則走上了醫學研究的道路，日後成為臺灣第一位醫學博士，並通過自己的努力，在藥理學上取得了非凡的成績，也是改寫臺灣的鴉片史。

1914 年，杜聰明以第一名畢業於醫學校後，任臺灣總督府研究所雇員，研究細菌學。進入醫學院後，巴斯德和柯霍對細菌學的貢獻讓杜先生佩服不已，據此可知，更吸引杜先生的科目應該是細菌學或病理學的研究，而非是藥理學。

1915 年，赴日本京都帝國大學醫科大學，研究內科學。杜聰明先生曾到過東京帝大師承細菌學的研究，究竟是什麼因素讓他對毒蛇血清和鴉片有興趣呢？當時杜先生所研究的地點是在血清藥院，該藥院是製造販賣免疫血清和疫苗的單位，讓他有機會接觸提煉血清的技術和知識。這似乎是一個轉機，此外，當時杜先生也巧遇藥理學專家森島庫太，對於成藥的有效成分提取和分析產生了濃厚興趣，進而讓杜先生有更多機會和動機去研究藥理的機制。

在日本留學期間，杜聰明勤學苦讀的精神，各項學術研究都能得到同學與教授的肯定，甚至在日本結識了日後的妻子林雙隨，發展出一段有趣的故事。杜聰明對林雙隨一見鍾情，立即展開猛烈追求，之後更請求好友到林家提親。但林雙隨是臺灣大家族霧峰林家的閨秀，在當時講求門當戶對的風氣下，霧峰林家怎樣也不可能與一個無名的淡水農家子弟聯姻。但是，杜聰明的誠意，讓林雙隨的父親不好斷然拒絕，因而開出了四個條件（要當上

高等官；取得博士學位；要會做詩；要有聘金五千日圓），只要杜聰明能夠做到，就把女兒嫁給他。愛情的動力，促使杜聰明更努力去完成他的學業。沒多久，杜聰明博士學位已經在望。消息傳回臺灣，杜聰明的母校臺灣總督府醫學校，隨即決定聘任杜聰明為講師。接著，臺灣總督府又任命他為臺灣總督府醫學專門學校助教授，並兼任臺灣總督府中央研究所的技師，敘高等官七等，達到當上高等官的條件。

1921 年，杜聰明正式向京都帝國大學提出博士論文申請。林雙隨的父親知道杜聰明確實夠資格做他的女婿，當即願意放寬條件，將女兒許配給他。1922 年 5 月，杜聰明與林雙隨有情人終成眷屬，在臺北結為連理。同年 12 月，杜聰明正式獲得醫學博士學位，成為臺灣第一位博士，也是第一個在日本得到博士學位的外地人。這件事在當時相當轟動，各家報紙都顯著報導，各界也紛紛發起慶祝會，就連臺灣總督府也大肆宣傳。一時之間，杜聰明成了全臺灣的風雲人物。

二、臺灣的鴉片狀況及蔣渭水上告國際法庭

1. 臺灣的鴉片狀況

臺灣近代的鴉片史，即是一部被殖民史，也是日本帝國主義愚民政策的真實記錄。日本據臺以後，雖在第三年即頒布了「臺灣鴉片令」，發給吸食者特許證，明為防止新的吸食人口的增加，實則是為了增加財政的愚民政策。總督府除從國外輸入鴉片外，在臺也秘密生產鴉片。日本對臺鴉片政策的實質，就是「漸禁政策」下延伸出來的由「鴉片專賣」形成的自由販毒合理化。鴉片問題，不僅是臺灣近代史上非常重要的課題，圍繞鴉片問題引起了的各方利益的分配，甚至還成為東亞戰爭中的「秘密武器」。

臺灣總督府以漸禁為由，於 1897 年開始實施鴉片專賣制度。1901 年設立「專賣局」，並由專賣局製造課負責鴉片的製造，根據前一年調查統計，臺灣吸食鴉片人口有十六萬九千餘人，為了更進一步網羅吸食者及增加鴉片的收入，總督府規定吸食者要有醫生的診斷書及領有「特許牌」，另外則是大幅提高鴉片稅。據估算，到了 1940 年代，總督府共發出了二十五萬個「煙牌」，不過這並不包括遺漏及秘密吸食者。根據美國記者斯諾（Snow）在 1930 年秋到臺灣，為《報聯社》和《紐約太陽報》（New York Sun）寫的五篇有關臺灣的通訊中，有對臺灣鴉片問題的見解，認為日本在臺灣的「禁煙」成績

是不實的，因為登記的鴉片吸食者，只占全部吸食者的一部分，而沒有登記的吸食者可能多過登記的兩、三倍，事實上，一張執照可以擴大到持有者的所有親戚朋友。〔註1〕

　　臺灣總督府如果切實實施「漸禁政策」，那麼臺灣未來鴉片的收入，會因此而逐漸減少。於是總督府就以製造和外銷粗製嗎啡來增加收益。當時臺灣鴉片工廠生產的鴉片煙膏，多銷往中國大陸。而中國東北的關東軍司令部第四課，也將鴉片作為對中國作戰的「秘密武器」之一，於1914年設立「宏濟善堂」，從事鴉片的輸入、製造與販賣。1921年，爆發了所謂「關東廳鴉片事件」，並引起了國際關注。表面上看「宏濟善堂」似乎與臺灣總督府無關，但事實上，有證據顯示臺灣總督秘密出口鴉片至中國做為「特殊貿易」的一種。另外在上海，臺灣的鴉片煙膏也被秘密進口和走私。〔註2〕

　　另外，總督府專賣局從1915年開始，將粗製嗎啡賣給星製藥會社（社長星一與後藤新平的關係密切），開發出嗎啡鹽類、古柯鹼、奎寧等生物鹼，星製藥會社也因為與後藤的關係，而取得在臺灣開發鴉片藥物的特權。1924年以後，由於憲政會系的伊澤多喜男擔任了總督，開始掃除後藤留在臺灣的舊勢力，停止將粗嗎啡賣給星製藥會社，以打擊政友會系的實力。而「星製藥會社」，便是一般稱為「臺灣鴉片事件」的主角，此事件引發當時《臺灣民報》連續八篇文章，抗議總督府的鴉片專賣制度，批判總督府在全世界都在禁止鴉片煙毒之大形勢下，仍然進行其鴉片專賣的事業。

2. 國際聯盟的鴉片對策

　　其實此前國際上已經高度關注鴉片問題了。1909年及1912年召開了第一、二次國際性的禁毒會議，簽定了第一個國際禁毒公約《海牙禁止鴉片公約》。第一次世界大戰後的1919年，由54個國家聯合組成國際聯盟，鴉片問題也納入其討論議題。根據聯盟規約第23條，將鴉片及其他有害物的取締及一切管理委託給國際聯盟。這樣在國際聯盟事務局內，以法國、日本、荷蘭、印度、中國為首，組成了「阿片諮詢委員會」，但該委員會只是將鴉片的管理作為解決戰後財政的一種手段，並沒有提倡全面禁止鴉片。

　　1923年，美國突然倡導召開國際鴉片會議，以達成檢驗《海牙鴉片公

〔註1〕 汪敬虞，《談斯諾的五篇臺灣通訊》，《臺灣研究集刊》，廈門大學臺灣研究院，1988年第1期，第48頁。
〔註2〕 （日）江口圭一，《日中戰爭期鴉片政策》，岩波書店，1985年版，第41頁。

約》的實施情況以及解決禁止販運毒品問題的條款。國際聯盟「阿片諮詢委員會」為了避免糾紛，分兩次於 1924 年 11 月在壽府召開萬國鴉片會議，即是第一、第二國際鴉片會議。該會在 12 月 11 日簽訂了《關於熟鴉片的製造、國內貿易及使用的協定》，後又於 1925 年 2 月 19 日簽訂了《國際鴉片公約》。

由於會議中部分國家的私心，制定的有關生鴉片等的生產分配、輸出交易，以及印度大麻的輸出入交易等規則，非常寬鬆，引起美國和中國的強烈不滿，為了進行抗議，憤而退出會議。而當時的美國正在施行禁酒令，藥癮問題日益嚴重，鑒於防堵買賣成交有限，有心人便成立了「國際麻藥教育協會」，決定透過教育方式來杜絕毒品的泛濫。而第一次會議就在象徵獨立精神的費城舉行，會議時間是 1926 年 7 月 5～9 日。

當時杜聰明正在美國考察，他原定於 6 月 24 日離美赴歐，但 6 月 2 日突然接到來自臺灣的電報，要他代表臺灣總督府，出席費城舉辦的這屆國際麻藥教育會議。接到臺灣總督府臨時指令後，杜聰明匆忙準備演講稿，代表臺灣參與了這次大會，報告了臺灣鴉片癮者的管制情況，最主要介紹了鴉片公賣的漸禁制度。杜聰明提出，鴉片公賣制度反而有利於管理控制，勝過全面禁絕。因為專賣制度是由政府掌控麻藥來源，賣給經檢驗證明是癮者的人，可以限制麻藥在平常人之間流通；而全面禁止，則可能反而造成麻藥交易地下化，更容易擴大流通，不易控制。

杜聰明的說法當然有不排除為日本殖民者辯護的可能，但其作為總督府官方的代表，當然也有其不得已的苦衷。本來他對鴉片癮的問題一直很感興趣，早年在京都留學學習藥學時，就曾經想以鴉片為研究主題，但因指導教授森島庫太對此不感興趣而作罷。這次親自參加國際麻藥大會並就鴉片問題進行演講，更加深了他對這個議題的興趣。這也許是推動他研究如何戒除鴉片的一個重要的因素，因為一個負責任的學者，必須對自己的言行負責。

3. 臺灣鴉片事件

1929 年 3 月，國際聯盟禁毒組織召開第 34 屆理事會，決議派員到遠東地區調查鴉片的吸食情形。當時總督府非常擔心，因為日本自 1909 年 2 月第一次國際禁毒會議始，歷屆都有參加，特別是對「國際禁毒公約」中的禁毒原則相當瞭解，而日本自己也是 1912 年《海牙禁止鴉片公約》締約國之一，有義務遵守國際公約。由於各種原因，這次國際聯盟沒有派員到臺灣進行檢

查，但臺灣內部卻直接將日本政府告上了國際法庭。

1928 年 12 月 28 日，日本當局以律令第三號公布《臺灣新鴉片令》，翌年元月 8 日再公布《臺灣鴉片令施行細則》，使當時申請新特許吸食鴉片人數，依臺灣民眾黨的統計，達 25,527 人之多，民眾黨抨擊這種開放新特許措施是一種財政收入主義，乃向國際聯盟投訴。

1930 年 1 月 2 日，杜聰明的老同學，臺灣民眾黨的蔣渭水，派大兒子蔣松輝在電報局要下班時，給日內瓦國際聯盟總部發電報，控告了日本政府。當時由於正值下班時間，留守的電報局職工文化程度不高，只認得英文字母，加上又是小孩來發電報，完全沒有懷疑，就順利發出。電報內容如下：「臺灣民眾黨代表四百萬臺灣人民控告：日本政府有計劃地允許臺灣人吸食鴉片，這在國際條約上是被禁止的非文明政策，違反了國際人道主義原則。」〔註3〕

當時，臺灣處於警察政治時代，整個電訊事業完全由國家掌控，蔣渭水巧妙的做法，使措辭強烈的控告電報得以順利發出，促成國際聯盟迅速採取行動。現在一般歷史書上都特別強調此點，但實際上，蔣渭水及其領導的臺灣民眾黨，在臺灣禁煙史上，還有很多的貢獻。他們曾經向日本拓務大臣發電報反對鴉片漸禁政策、投書於島內報紙、打電報給日本內地各大報社、向警務局長提出抗議文、在各地召開演講會反對鴉片特許制度、派蔡培火向臺南州知事陳情、在臺北中華總會館進行宣傳等，這些事實彰顯了歷史人物及其政黨在歷史上的巨大作用，因此，蔣渭水及其領導的民眾黨，在臺灣的禁煙史上，其功不可沒也！

三、杜聰明愛愛寮的戒煙初步實踐

由於阿片在臺灣盛行以久，以前也有一些諸如戒煙丸、戒煙餅、陽天罡圓、陰三罡圓、天光丹、戒煙粉等戒煙類藥。但他們中含有少量的鴉片成分，且一般為治療吸煙過度，或當旅行中鴉片煙膏缺乏之時的代用品。這其中也有少部分純中藥成份的戒煙製劑，例如一名叫「林則徐」的藥方就是用炙黃著、明黨參、制半夏等二十多味中藥組成的。〔註4〕這說明早在杜聰明的戒煙實踐以前，民間就已經有採用中藥來進行戒煙的行為了。另外，民間力量也

〔註3〕（日）《國際連盟阿片關係一件／各國阿片政策及法規關係 5・日本之部》，JCAHR：B04122137000。
〔註4〕（日）《製藥所試驗彙報》第一號，臺灣總督府製藥所，明治三十三年三月十五日，第 41～66 頁。

自發組成「降筆會」來進行戒煙，但由於總督府採取不鼓勵態度，甚至批評「降筆會」帶有民間宗教的戒煙方式會危及鴉片煙癮者。總督府這種說辭，無非是怕吸食鴉片者減少，將會導致鴉片收入的減少，籍此可知，鴉片的收入才是總督府自始至終最關心的事，因此，秘密吸食者一旦被發現，按常理要依法懲處，但總督府卻重新發放煙牌，使之合法化，此一謀取鴉片暴利的心理與殖民統治的心態是同出一轍的。

　　杜聰明自美國演講後，就更注重研究諸種興奮藥類的研究，發表了《諸種興奮藥對健康人呼吸及新陳代謝的作用》〔註5〕等文章。而杜聰明的戒煙實踐，最初是在臺北愛愛寮進行的。

　　愛愛寮是臺灣近代慈善家施乾〔註6〕於 1923 年創設的乞丐收容所，在臺北市艋舺綠町（雙園街），除提供乞丐居住場所之外，對於健全者傳授生活技能如編草笠、草鞋、藤製工藝品等，或在後院空地養豬、種蔬菜，以培養自給自足的能力，並對病者予以醫療。收容範圍除乞丐之外，包括鴉片煙癮者、麻風病者，精神病患者，其性質是綜合性救濟院。

　　1929 年 3 月 12 日，杜聰明與唯一的弟子邱賢添（後有醫專畢業的葉貓貓及張紹濂志願跟杜進行研究）來到愛愛寮，組建了只有一個房間的醫務室，開始他們的禁煙工作。當時愛愛寮有嗎啡癮者十幾名，其中有乞丐數名，他

〔註5〕《臺灣醫學會雜誌》（自第二八六號～至第二九七號），第 247～360 頁。
〔註6〕施乾，1899 年誕生於滬尾米市街（今清水街 146 號），1912 年自滬尾公學校畢業後，考進臺籍子弟極難踏進門坎的臺北州工業學校。1917 年以優異成績畢業，不久為日本總督府商工課延聘為技士。在職中因曾調查艋舺的貧民生活狀態，看見殖民統治下困苦無依的乞丐同胞的生活，油然生起惻隱之心，便自掏腰包醫治患病的乞丐並教導其兒女讀書。為了幫助更多的乞丐，於是轉託伯父施煥說服父親支助金錢，並向施叔施坤山施合發木材行募得木材，在臺北綠町（今大理街）蓋了一座房舍，作為乞丐救濟收容所，題名曰「愛愛寮」。施乾此時已辭去總督府的職務，全力照顧愛愛寮的乞丐及無家可歸者，並親自為他們清潔身體、上藥、教導手工編織，又在後院空地養豬、種菜，培養他們自給自足的能力。經費來源，只靠有限的募捐所得。最困難的時候，施乾甚至變賣全部家產予以維持。施乾之義行，曾得日本文豪菊池寬撰文報導而廣為日人所知，並獲日皇頒賜賞金。最令人感佩的是，施乾元配謝氏惜女士（1932 年去逝）、續弦京都小姐清水照子，以及施乾的子女，都隨施乾居住愛愛寮，與二百多位乞丐共同生活起居。1944 年，施乾因高血壓遽發，英年早逝。照子夫人繼續秉承先夫遺志，一直維持至今，而且施乾的大女兒、二女兒和兒媳婦也同時在院內服務。施乾一家人的偉大風範，豈不令人擲筆讚歎！而這也實係施乾先生的精神感召所致。http://contest.taivs.tp.edu.tw/game/46_2733/new_page_23.htm。

們在行乞之前，多是人力車夫、商人、工作人員及農民。在接受治療以前，面黃肌瘦無血色，營養極其不良，身體上長期接受注射的部分，特別是大腿部基本上已經化膿，散發的臭氣，使人難於忍受，且半數人都伴有疥癬合併症，從外表上看非常地骯髒。這其中有一位二十八歲的吳姓患者中毒最深。他本是一個有著二千圓資本的商人，三年前妻子死亡，其後出入花柳界而感染性病後開始使用嗎啡，到戒煙前每天的使用量高達五克，是一日極量的五十倍，最少致死量的二十五倍。〔註7〕

　　杜聰明等為尋找嗎啡及鴉片癮者中毒狀態及檢驗治療的實際效果，先行對動物進行了實驗，先後發表了《阿片生物鹼對家兔血糖的影響》第一報告、第二報告、第三報告、第四報告。〔註8〕另外杜聰明還對各類癮者進行調查統計，發表了《臺灣阿片癮者的統計調查》第一報告、第二報告〔註9〕及《出生後阿片吸食的阿片癮者》〔註10〕等研究性論文。

　　在大量研究的基礎上，杜聰明等開始對一些癮者進行戒煙實驗，發表了《阿片癮者斷禁時的白血球》〔註11〕、《出生後開始吸食的婦女斷禁及其他檢查成績》〔註12〕、《阿片癮者23個他覺的禁斷證狀》〔註13〕等研究論文。他根據當時戒煙的兩種方法（斷禁法與漸減法），結合臨床實驗，創造出不需要太長時間，又能根除藥癮的獨特的杜式斷癮法。此方法，即是將中毒者收容在一定的隔離室內，不採用斷禁的方式，以嗎啡作為主藥代替鴉片煙膏，減少其用量的漸減療法。其重點為：

　　第一、採用精神療法：開始治療後漸次減少嗎啡的用量，以苦味劑代替

〔註7〕 張紹濂，《愛愛寮に於けるモルヒネ中毒者の撲滅》，《臺灣事業の友》，昭和五年二月號，第 83 頁。

〔註8〕 此四篇報告的作者均為呂阿昌，它們分別發表於《臺灣醫學會雜誌》（自第三四六號～至第三五七號）的第 100～114、276～292、215～228、229～348 頁。

〔註9〕 作者為杜聰明，發表於《臺灣醫學會雜誌》（自第三五八號～至第三六九號）的第 807～959 頁。

〔註10〕 作者為杜聰明，發表於《臺灣醫學會雜誌》（自第三五八號～至第三六九號）的第 1029～1043 頁。

〔註11〕 作者為王人喆，發表於《臺灣醫學會雜誌》（自第三五八號～至第三六九號）的第 1647～1661 頁。

〔註12〕 作者為王人喆，發表於《臺灣醫學會雜誌》（自第三五八號～至第三六九號）的第 1662～1672 頁。

〔註13〕 作者為王人喆，發表於《臺灣醫學會雜誌》（自第三五八號～至第三六九號）的第 1673～1681 頁。

麻藥之味；注射者減少其藥液之濃度，以使本人在不知不覺之間
減少用藥量。

第二、採用漸減之法：治療初期，將用麻藥量大量減少，治療末期，逐
漸減少用藥量，這樣可避免斷禁出現的各種症狀，使治療期縮短。
〔註14〕

但這種治療方法也存在著一些相應症狀，即是初期麻藥用量的大量減
少，致使癮者往往出現不適症狀，如交感神精不安及頑固的失眠、食欲不振、
四肢無力、全身倦怠，腸部痙攣、流淚、嘔吐、腹痛、下痢等。

對此，杜聰明又帶領他的學生對癮者進行血液、尿液及其他代謝基物進
行了系統的研究，發表了《阿片癮者的血壓》〔註15〕、《阿片生物鹼對家兔血
液及臟器過氧化氫酶的影響》〔註16〕等研究論文，並發明了一套為了防止禁
煙狀態下出現的迷走神經緊張症，採用以減輕麻痹藥劑及興奮交感神經的藥
劑，來防患於未然，以減輕其併發症。他配製了1～6號戒烟葯，同時，讓癮
者服用這些葯物的同時，還服用諸哪莨菪越几斯、鹽酸エフエドリン等葯物。
針對那些在戒煙過程中出現四肢倦怠、腰痛等症狀的癮者，還採用靜脈注射
葡萄糖等的混合溶液，必要時還採用鎮靜劑及催眠劑等，來對症治療。〔註17〕

從建立醫務室開始，到次年的1月15日，接受嗎啡中毒實驗治療學研
究的病例共計五十例，其中除前文所說的吳姓患者外，其餘都是海洛因中毒
者。海洛因的毒性比嗎啡更強烈，從藥局極量的標準來看，嗎啡一回的極量
標準是0.03克，而海洛因的極量標準是0.005克，而海洛因的毒性是嗎啡的
六倍。這些人戒除治療的日期與人的體質、健康程度、忍耐力及合併症狀況
相關，一般二十五、六日即可除癮。同時，還進行其他疾病的治療，營養的
恢復及體重的增加。在患者戒除毒癮後，還要留在愛愛寮觀察一、二周，確
定沒有異常後，再令其退院。

杜聰明在愛愛寮進行戒煙實踐的同時，還赴滿洲、朝鮮、上海等地調查

〔註14〕楊玉齡：《一代醫人杜聰明》，第130～131頁。
〔註15〕作者為賴其祿，發表於《臺灣醫學會雜誌》（自第三七〇號～至第三八一號）
的第959～973頁。
〔註16〕作者為張佰濂，發表於《臺灣醫學會雜誌》（自第三七〇號～至第三八一號）
的第1791～1819頁。
〔註17〕杜聰明《臺灣阿片癮者的實踐治療法》，《臺灣醫學會雜誌》（自第二九八號～
至第三〇九），第1584頁。

鴉片癮者的情況。回到臺灣後，杜聰明就考察心得，及在愛愛寮初步成功的試驗結果，於 1929 年 9 月，向總督府提出了《鴉片癮者矯正治療醫院設置建議書》，強烈建議設置戒癮機構。而此時的總督府因鴉片問題，剛剛被蔣渭水告上國際聯盟，國際聯盟行將來臺就此進行查檢。杜的這份建議書對總督府來說，來得正是時候。於是總督府於 1930 年 1 月 15 日，匆匆成立以戒除毒癮為主旨的臺北更生院，以便應付國際聯盟的檢查。〔註 18〕

四、臺北更生院的戒煙實踐

　　總督府接到了杜聰明的「建議書」，「非常重視」，馬上批准，並快速擬定了三項原則：「徹底調查無牌照吸食者；再檢查有照吸食者的癮度；認為可以除癮者，全部強制除癮。」〔註 19〕

　　杜聰明在建議書中提出：「鴉片癮者若能在一定病房設備接受專家的治療，或許比較沒有痛苦的狀態下戒除毒癮。另外，處理或治療這類麻醉藥的沉迷者時，除了期待當局能依現有的鴉片令力行取締外，重要的是設立新的政府機構，專門收治這些中毒者，在從事這種專門治療的同時，還應進行研究，期能瞭解此類麻藥中毒的實態，並找出新的方法，讓成癮的人能在沒有痛苦的狀態下，輕易地戒除毒癮。」〔註 20〕

　　1930 年 1 月 15 日，臺灣總督府借用中央研究所瘧疾研究所的部分房舍，開設了只有二十張床位的鴉片除癮醫院——更生院，以應付 2 月 19 日抵達的國際聯盟調查團。〔註 21〕更生院首先收容 17 人（其中一人為日本人）進行矯正治療〔註 22〕，嗣後，為決定永久地點，租借於大稻埕日新町，原林清月開設之醫院，成立臺灣總督府臺北更生院，由總督府衛生課技師下條久馬一擔任院長，杜聰明為醫局長，但實際上更生院的行政、管理、運作，均

〔註 18〕《阿片癮者矯正所——臺北更生院開院式》，《臺灣日日新報》，1930 年 1 月 16 日，第 4 版。

〔註 19〕楊玉齡，《一代醫人杜聰明》，天下遠見出版有限公司，2002 年，第 133 頁。

〔註 20〕楊玉齡，《一代醫人杜聰明》，第 132 頁。

〔註 21〕2 月 19 日，瑞士公使艾克司遵在日本政府官員的陪同下來臺灣進行調查。20 日由專賣局長池田陪同，參觀了專賣局的標本室及南門工廠，後到大稻埕視查了阿片販賣情況，最後到更生院視察阿片癮者的矯治情況。參見：《阿片調查委員歡迎會》，《臺灣日日新報》，1930 年 2 月 22 日，第七版。

〔註 22〕（日）《阿片癮者矯正所——臺北更生院開院式》，《臺灣日日新報》，1930 年 1 月 16 日，第 4 版。

是杜聰明一人負責。杜聰明以其所創除癮方法，在更生院施行，頗有見效，他更獲得醫師黃文、王耀東、林金龍、化學家楊慶豐、李超然等人士相助，使之在禁除鴉片史上，做出了更突出的貢獻。

（一）對鴉片癮者的基本成因進行研究

首先、對鴉片及嗎啡成癮者的吸食原因等進行分析。

杜聰明認為，容易溺於此癮藥並難於改除其惡習的原因主要有三個方面：

第一、一般人認為吸食少量的鴉片或嗎啡不會侵害意識，只是單純地麻痺中樞神經系統的疼痛感受性，使其病痛在數分鐘煙消雲散，而其對各種呼吸困難及痙攣性呼吸運動又有著鎮靜作用，同時也有制止胃腸運動的功效，是故常被用於急性胃腸炎、胃出血、胃穿孔的治療上。減輕病痛是吸食鴉片的最主要的動機。

第二、鴉片可以解除疲勞飢餓等種種不快的感覺，而且還可以作為春藥來使用。

第三、鴉片和嗎啡等一旦吸食，就早晚必吸，難以根除。〔註23〕

其次、對健康身體與鴉片吸食者對嗎啡的反應進行了研究。

由於吸食鴉片者已經成癮，如果實行禁斷就會出現流淚、嘔吐、腹痛、下痢、不眠、遺精及盜汗等，更有甚者出現狂躁狀態，發生幻覺震顫，就像精神病患者一樣。所以，杜聰明又對健康身體與鴉片吸食者對嗎啡的反應變化進行了研究。

經過研究認為，普通成年人嗎啡的中毒量為 0.03 至 0.05 克，最少致死量是 0.2 克，平均致死量是 0.3 至 0.4 克；而嗎啡習慣者，以上的份量是不會中毒的，一般吸食量為 5～6 克，多者一日達到 14 克左右。〔註24〕通過這項研究，可得得出這樣的結論，即是人如果習慣於鴉片或嗎啡，那麼身體對嗎啡的耐藥性就會增加，即使大量使用，也不會出現所期的作用。

第三、對鴉片及嗎啡吸食者的健康障礙進行了總結。

杜聰明研究認為，長年吸食鴉片者，通常會產生各種健康障礙。例如：

〔註23〕 （日）杜聰明，《醫學上より見たる阿片及モルヒネ類の慢性中毒に就て》，《臺灣事業の友》，昭和五年二月號，第 96～97 頁。

〔註24〕 （日）杜聰明，《醫學上より見たる阿片及モルヒネ類の慢性中毒に就て》，第 96 頁。

唾液分泌的減少、發汗的增加、瞳孔的縮少、高度的羸疫、皮膚的弛緩、消化障礙，初期還有頑固性的便秘，後期就會出現下痢、體力精神力的減衰、眩暈頭痛等，還會出現不自覺的四肢震顫、神經痛及不眠症。

第四、對鴉片及嗎啡的習慣依賴性是怎麼產生的進行了調查。

杜聰明總結了前人的幾個研究結論，認為人體對鴉片及嗎啡的習慣依賴性，是由於吸食者對嗎啡的分解能力增強，且感受性減退造成的。

（二）發明尿液檢驗法

除癮成功的關鍵首先在於患者自己戒毒的決心。但由於戒除煙癮需要一個較長的過程，故在更生院裏，也會發生癮者在戒毒的同時，由於意志力薄弱，無法忍受戒斷鴉片之痛苦，還秘密購買鴉片偷吃的現象。〔註25〕另外還有一種假癮者，他們雖然也吸食鴉片，但量不大，平時扮成重度癮者，來獲取牌照，購買大量的鴉片，然後再高價轉手圖利。這部分人進入更生院以後，常常故計重演。為解決更生院中出現的這一系列問題，杜聰明開始帶領學生楊慶豐、郭德仁等，進行生理反映實驗，藉由尿液來檢測是否吸食鴉片。

杜聰明的實驗構想是，在慢性嗎啡中毒者及鴉片癮者的尿液中，是否也可能證明含有嗎啡成分，進而應用到毒品服用的檢測上。他帶領學生先做定性實驗，參考前人有關嗎啡微量萃法加以改良，以各種試劑來檢驗不同濃度的鹽酸嗎啡水溶液，最後選出兩種嗎啡定性檢驗法，來對病人進行檢測。檢驗的結果為，這些病人每天嗎啡的注射量不同，即使再低，試驗結果也都呈陽性。《臺灣日日新報》也給予此項研究大篇幅的報導。〔註26〕

在定性實驗法後，杜聰明帶領學生又開始定量檢測的實驗，期能檢測出鴉片癮者尿液中的嗎啡含量。他們把 Godin 氏一般生物鹵滴定量法應用於嗎啡的定量檢測中，把鹽酸嗎啡溶解在水及人體尿液中，然後測試檢驗出量的多少。實驗結果證明，只要溶解的鹽酸嗎啡濃度不太低，其檢驗率就會非常高，平均達到 94% 到 98%。

杜聰明又將實驗應用於鴉片癮者，分別針對四組不同類型的癮者（服用鹽酸嗎啡的鴉片癮矯正者、服用鴉片粉的鴉片癮矯正者、准許吸食鴉片者、

〔註25〕《自牆外密賣麻藥於更生院矯正者》，《臺灣日日新報》，1930 年 12 月 25 日，第二版。

〔註26〕（日）《阿片吸飲を判別する新研究の完成近し》，《臺灣日日新報》，1931 年 3 月 18 日，第七版。

慢性嗎啡中毒者）進行尿液嗎啡定量檢測的實踐。

實驗顯示，前兩鴉片癮矯正者，不論是服用鹽酸嗎啡或服用鴉片粉，再檢出量都很相近，分別是 25%～29%及 26%～32%。而第三組准許吸食鴉片者，再檢出率則非常低，平均只有 3.45%，這恰好符合從前日本學者所做實驗的結果：吸食鴉片時，嗎啡成分多半會附著在煙管內，或是蒸發掉，最後真正進入吸食者肺部的量，大概只及煙膏的七分之一到八分之一不等。這樣推算，3.45%若乘七倍或八倍，即可得到 24%～27%的數據，與第一、二組的實驗結果就十分接近了。第四組慢性嗎啡中毒者的實驗檢出率非常高，幾乎達到 50%。這是因為此投藥方式為皮下注射，嗎啡被身體所吸收的量約為投入量的一半，另一半則排出體外。〔註27〕

實驗也顯示，所有四組受驗者嗎啡的排泄量和投入量都成正比。即是受驗者服用嗎啡量愈高，尿液中排出的嗎啡量也就多，且增多的比率在每一組都成正比，顯示嗎啡在尿液中的再檢出率十分穩定。這些都為應用試驗打下了堅實的基礎。

隨後，杜聰明就開始進行應用試驗。第一次是對更生院裏的五名有偷食鴉片的矯正癮者進行檢測，而檢出的鹽酸嗎啡檢出率竟高達 42%～87%，這也與院方准許量不符，也違反了一般人的生理代謝機能，在詳細的追問下，受驗者最後承認他們在暗中偷食了鴉片。第二次是對十二名鴉片准許吸食者，其中有十人尿液中的嗎啡含量，在標準值 3.45%左右，與被核准的吸食量是相符合的，而其中兩人檢出率卻高達 7%～8.5%，在反覆的追問下，他們也承認偷食了鴉片。

杜聰明等人所發明的尿液檢驗法，使更生院裏醫生能夠準確掌握矯正者鴉片的吸食量，也可查出其偷食的用量，這對控制矯正者偷食鴉片，起到了很好的監督作用。

而在杜聰明等人的尿檢法及相關除癮藥物的治療下，臺灣各地的更生院更是在短短一年的時間裏，就矯正治癒了三千人。〔註28〕這在世界戒煙史上也是值得稱道的。下表是杜聰明等統計的臺灣鴉片癮者治療的人數情況。該

〔註27〕（日）杜聰明、李超然，《阿片吸食者及慢性モルヒネ中毒者ノ尿に於けるモルヒネノ定量及實際的應用》，《臺灣醫學會雜誌》，（自第三八二號～至第三九三號），第 161～177 頁。

〔註28〕《阿片矯正者三千人出所後成績佳良》，《臺灣日日新報》，1931 年 3 月 19 日，第 4 版。

表顯示，從 1919 到 1928 年十年間，總計有近七十人治癒。這也證明了杜聰明等人所發明的尿檢法及各種戒煙藥在戒除鴉片中的作用。

1919～1928 年臺灣阿片癮者治療成績表：

	癮者治療數			全治者			治療中止數			治癒的百分比
	男	女	計	男	女	計	男	女	計	
1919	43	6	49	14	----	14	22	5	27	28.57%
1920	41	7	48	7	2	9	25	3	28	18.75%
1921	36	7	43	9	2	11	23	3	26	25.58%
1922	29	3	32	8	1	9	20	3	23	28.13%
1923	29	3	32	12	----	12	16	2	18	37.50%
1924	7	1	8	----	----	----	6	1	7	----
1925	49	6	55	6	----	6	41	5	46	11.00%
1926	9	4	13	1	----	1	8	4	12	8.00%
1927	11	----	11	2	----	2	9	----	9	18.19%
1928	9	----	9	3	----	3	5	----	5	33.33%

*此表轉引自於杜聰明，《醫學上見阿片及嗎啡類慢性中毒》，《臺灣事業之友》，昭和五年二月號，第 101 頁。

而杜聰明等首度提出藉由尿液檢測毒素的方法的學術論文，也經由日本外務省向國際聯盟提出報告，杜聰明也因此蜚聲國際。由於杜聰明及其學生們對吸食鴉片的動機、癮者的死因及死亡統計、癮者的教育程度調查、癮者的犯罪關係、孕婦癮者對新生兒的影響的相關研究，使臺北更生院成了當時世界研究毒癮的重鎮。特別是杜聰明等人首創發明尿液檢驗法，以其效果顯著、費用低廉且節省人工，直到今天仍廣為世界所採用，使杜聰明成為禁藥尿檢法之父。

1946 年 6 月，臺灣更生院完成它的歷史任務而結束營業，在其成立的十七個年頭裏，矯正了數萬名的鴉片癮者，可以說同時也解決臺灣一項非常嚴重的社會問題。

小　結

杜聰明博士等發表的漸進戒除法，救治了無數的吸毒患者，改寫了臺灣的鴉片史，特別是其發明的尿檢法，現在還被各國廣泛採用。另外杜聰明在毒蛇及中藥學上也有突出貢獻，同樣受到國際重視。杜聰明的聲望與成就，

不但受到日本當局的肯定，也受到中國政府的贊許。戰後他成為臺灣大學醫學院第一位院長，後來有主持創辦了高雄醫學院。他總計指導了四十多位博士，成為臺灣醫學史上的三大巨人之一。杜聰明曾經自豪地說過：我這一生都在教書，從未替人看診。但我教育出的學生有數千人，他們都在替我照顧病人，維護人們的健康。這段話為杜聰明對臺灣的貢獻做了最好的說明。

第十六章　戰時體制與臺灣鴉片
問題的終結

日本據有臺灣以後，依據後藤新平的提案，在臺灣實施「漸禁政策」，鴉片專賣收入在最初幾年幾乎占到了臺灣財政收入的一半，使臺灣在很短的時間內就獲得了財政獨立。財政獨立後的臺灣，又借助第一次世界大戰日本參戰的機會，促進了各項產業的快速發展，稅收大幅增加，財政「如洪水湧入巨額收入」[註1]，鴉片收入在 1918 年達到頂峰 8,105,278 元。然而隨後出現逐年下降的趨勢，在財政上的意義顯然已經沒有最初幾年那麼重要。但為什麼總督府卻沒有實施禁止政策，鴉片政策反而一直持續到日本戰敗投降呢，這非常值得我們思考。早在 1900 年前後，總督府製藥所就開始了戒除鴉片煙癮的實踐，之後更有飛鸞降筆會的戒煙運動，如果日本人誠心希望臺灣人戒除鴉片煙癮的話，完全可以實現。但自 1915 嗎啡類新式麻醉品實驗研製成功後，臺灣做為日本內地新式毒品的原料供應地，成為日本在海外殖民地所建構的販毒體系中的基礎部分。所以即使 1937 年日本進入所謂戰時體制，總督府在臺灣實施矯正治療來「漸禁」鴉片的吸食，也沒有完全廢止鴉片專賣制度。

一、迫於壓力的鴉片癮者的矯正

1. 倉促出臺「鴉片癮矯正所規則」

臺灣總督府為消弭因日本國家販毒而在國際鴉片會議上的不良之名，在

〔註 1〕 劉明修著，李明峻譯，《臺灣統治與鴉片問題》，第 209 頁。

國際聯盟調查員來臺前，1929年12月18日，總督府通過全島的保甲制度，向島民發表了「新特許及矯正處分的意圖」的聲明，並著手進行密癮者的調查。

1930年1月14日，又突然公布臺灣總督府訓令第三號「鴉片癮矯正規程」，並於第二天設立「臨時鴉片癮矯正所」，開始鴉片癮者的矯正工作。

「鴉片癮矯正所規程」為總督府的突擊出臺的行政條文，主要目的是為應付國際聯盟遠東調查員來臺檢查採取的臨時措施，其全文共六項：

第一條　於臺灣總督府下設鴉片矯正所，並附屬於警務局。

第二條　鴉片癮矯正所依據臺灣鴉片令，執掌鴉片煙癮之矯正工作。

第三條　矯正所各職員，以臺灣總督府部內職員充任。

第四條　所長常理矯正所內事務並監督屬下職員。

第五條　醫生、藥劑員及其他職員受所長之任命辦理所內各項事務。

第六條　鴉片矯正所之名稱及位置另作規定。〔註2〕

在「鴉片癮矯正所規程」頒布的同時，又以訓令第四十六號，頒布了「鴉片癮矯正手續」，其內容如下：

第一條　知事及廳長鴉片癮矯正受命者從年少者及癮輕者為順序開始，入院所轄地域內的臺灣總督府更生院及臺灣府醫院進行治療，但認為必要之時，可與警務局長協議，在所轄地域外的更生院或醫院進行入院治療，也准用第三條至第六條規定的內容。

第二條　更生院及醫院的癮者收容定員依據別表，到矯正所新建築物建成為止，由院長暫定適宜收容人員。

第三條　更生院院長及醫院院長依據前二條的規定，裁定必須入院的人員，其預定日期三日以前，通報管轄所在地知事及廳長。

第四條　知事及廳長依據第一條規定必須入院的癮者的住所、職業、氏名及矯正費負擔能力的有無，在入院前日止，向該更生院院長及醫院院長通報。

〔註2〕（日）《臺灣ノ阿片制度　附麻薬取締ノ概要》，JCAHR：A06032551400。

第五條　癮者在退院時，更生院院長及醫院院長要將其矯正情況及將來管理上的參考事項，向管轄內的知事及廳長進行通告。

第六條　知事、廳長及醫院院長在每月五日前，將上月中癮者入退院狀況，依據別記第一號樣式，向警務局長通報。

第七條　依據臺灣鴉片令施行規則第四十條的癮者，必須徵收入院矯正費，其藥價、食費其他加起來，一天為六十錢，但特別場合由院長知縣自定。

第八條　更生院長或醫院院長認為矯正費必須徵收時，依據別記第二樣式，前月三號前通告歲入徵收常理官，另遇有退院或死亡者時，也必須通知。

第九條　知事或廳長對不為癮者，但提出癮者矯正申請者，也依據本令來執行。〔註3〕

「鴉片癮矯正所規程」極為簡略，顯示其制訂過程倉促，顯然是為了應付國際聯盟調查員的調查而臨時頒布了新規。此規定將矯正事業歸屬於警察管轄範圍，筆者認為，將矯正納入警察管轄範圍，並不似劉明修所言之：「顯示出（總督府）其對矯正事業的決心」〔註4〕。

2. 警察強制戒除的開始

據臺初期，總督府就依據第三任民政長官後藤新平所謂的「生物學原理」，建立起嚴密的、強有力的警察機構，在所謂的「剿匪」中獲取巨大成功後，日本殖民者又將其警察機構轉變為行政手段。日本據臺五十年的殖民統治，最顯著的特徵就是「警察政治」。日本學者持地六三郎認為：「臺灣的警察制度，不論體或用，都與日本的警察制度不同，這實為臺灣警察之一特色。如果不瞭解這種警察制度的特色，就不能理解臺灣殖民政策的性質。臺灣的警察，實為臺灣殖民政策的重心所在。臺灣的警察，除其本身固有的事務以外，而幾乎輔助執行其他所有的行政；過去曾有所謂「警察國家」的理想，這一理想在臺灣已經成為事實。臺灣殖民政策的成功，一部分不得不歸功於這一警察制度。」〔註5〕所謂「警察國家」是日據時期臺灣政治的特

〔註3〕（日）《臺灣ノ阿片制度　附麻藥取締ノ概要》，JCAHR：A06032551400。
〔註4〕劉明修著，李明峻譯，《臺灣統治與鴉片問題》，第222頁。
〔註5〕（日）持地六三朗著：《臺灣殖民政策》，南天書局，1912年8月東京二版發

徵之一。

　　早在 1896 年 5 月 22 日頒布的訓令第 5 號《臺灣總督府地方廳分課規程準則》中，就將「鴉片販賣及其他藥品、成藥管理相關事項」〔註6〕交付給警察。1902 年 3 月 12 日，訂製了《警察本署處務規程》，就規定在警察本署設立阿片掛，掌管：鴉片煙吸食者及鴉片煙官售之管理相關事項；鴉片代辦人及零售業者相關事項；鴉片煙吸食所及鴉片煙吸食器具製造、販賣相關事項；走私鴉片之取締相關事項；鴉片監視員之任免相關事項。〔註7〕

　　當時臺灣的鴉片事務，全部由警察擔任的「鴉片監視員」來協助完成。臺灣恢復民政後，當時總督府鑒於當時的警察精通地方語言者一署僅一、二人，多數警察對掌握諸如所有鴉片吸食上癮者、取締非法吸食鴉片者、取締私製、走私、私售鴉片等警察專有業務並不熟練，又由於人員變動，人員不足等原因，於是以內訓第 19 號制定了《阿片監視規程標準》，要求各地方官廳據之訂立監視規程，以期鴉片之管理的圓滿。〔註8〕該標準規定，警察部、警察課及警察署、警察分署須置鴉片監視員、鴉片監視員補，執行鴉片相關監視業務。監視員及監視員必須受上級長官指揮，處理所管區域內鴉片警察相關一切事務，且嚴密監視。

　　當時各廳都根據總督府的命令陸續訂立相關規程。如宜蘭廳於 1898 年 8 月 23 日，以訓令第 74 號訂定《阿片監視員規程》，其中規定，警察課、辦務署、辦務支署、派出所置監視員及監視員補，處理鴉片警察相關一切事務。監視員承所屬長官之命令，指揮監督監視員補，處理鴉片相關庶務並完成監視任務。警察課監視員承上級長官之命令，督察、批示各署以下監視員之事務。警察課監視員須每年四次以上；各署、所監視員須每月三次以上，巡視其管轄區，並向所屬長官報告其狀況。監視員補承監視員之命令，一晝夜需要巡邏、查察五個小時以上，十小時以下，從事鴉片相關取締工作。〔註9〕

　　從以上內容可以看出，從日本據臺實施鴉片制度以後，其鴉片的一部分工作就並由警察管轄，此次將矯正戒除事業交給警察，只是行政上的手續而

　　　　行，1998 年 5 站臺北一刷發行，第 67～68 頁。
〔註6〕（日）《地方官官制改定》，《臺灣總督府警察沿革志》（第一編），第 356 頁。
〔註7〕（日）《警察本署処務規程改正》，《臺灣總督府警察沿革志》（第一編），第 110～111 頁。
〔註8〕徐國章譯注：《臺灣總督府警察沿革志》（第一篇），第 272 頁。
〔註9〕徐國章譯注：《臺灣總督府警察沿革志》（第一篇），第 272 頁。

已，沒有什麼其他的意涵。

在「鴉片癮矯正所規程」頒布後，總督府以警務局長的名義，以臺北、臺中及臺南三處的報紙上發表「鴉片吸食特許及矯正處分的大意」的消息：「為確保鴉片斷禁的完成，修改了臺灣鴉片令，於去年12月開始，對密吸食癮者進行調查，並執行人道的合理的救癮措施，對特別嚴重癮者給予矯正，以保證新政策的實施。對於特許者亦採取矯正的方針。」〔註10〕

同時，總督府還發布了「為特許及矯正處分趣旨向各島民周知的保甲機關通知」〔註11〕，要求各保甲機關配合警察機構，在鴉片癮者矯正工作中發揮作用。

從以上內容分析來看，感覺總督府似乎有強大的決心來戒除鴉片煙癮，但上述都是作給遠東調查員看的，實際上在「鴉片癮矯正所規程」頒布後，總督府僅是借用中央研究所瘧疾研究中心三十個病床做為臨時鴉片矯正所，進行鴉片癮者的矯正治療。

此後，總督府收購臺北市新町一所已經停業的私立醫院，在此設立臺北地區的矯正所「臺北更生院」，並設立四十名專門從事鴉片行政及搜查鴉片犯罪的鴉片警察官。各州分別由一名警部負責兼任州衛生課和刑事課的職務，指定監督鴉片行政及鴉片類犯罪。

同時，為更利於警察對吸食特許及矯正處分的情況進行管理，由警察來指定鴉片煙膏零售商的販賣地區，也屬行對鴉片零售商臺帳與吸食特許者購買簿之間核對的制度，以期矯正工作的有效進行。〔註12〕

3. 實際的矯正情況

由於臺灣民眾黨的提告，及國際聯盟調查員的來臺，總督府不得不對1929年新增的25,527名新特許申請者進行診斷，並於1930年3月23日，完成第一回全島性的檢查診斷。依據其診斷成績，共計有12,156人將進行煙癮的矯正，其中6,201人告誡其禁止吸食，另外7,170人慎重特許吸食。對於上述7,170位慎重特許吸食者，於是年5月1日至7月11日進行第二次檢查診斷，在5,485人允許吸食，1,347人要求矯正，其他為告誡處分3

〔註10〕　（日）《臺灣ノ阿片制度　附麻藥取締ノ概要》，JCAHR：A06032551400。
〔註11〕　（日）《臺灣ノ阿片制度　附麻藥取締ノ概要》，JCAHR：A06032551400。
〔註12〕　（日）《臺灣ノ阿片制度　附麻藥取締ノ概要》，JCAHR：A06032551400。

人，因事故無法出席者 123 人，死亡 207 人。〔註 13〕

　　從以上內容來看，原以違法吸食為由的新特許申請的 25527 人中，最後僅僅剩下 5518 人得到吸食許可，這不能不反證總督府當初允許新吸食特許的用意。

　　下表為 1930 年、1931 年兩個臺灣各地各院矯正受命者各年矯正成績表：

醫　院	1930 年	1931 年	矯正開始時間
臺北更生院	1181	1533	1931 年 1 月 15 日
基隆醫院	39	84	1931 年 7 月 18 日
宜蘭醫院	36	319	1931 年 9 月 1 日
新竹醫院	90	474	1931 年 7 月 10 日
臺中醫院	51	476	1931 年 7 月 5 日
臺南醫院	224	498	1931 年 7 月 25 日
嘉義醫院	33	148	1931 年 7 月 15 日
高雄醫院	117	706	1931 年 8 月 15 日
屏東醫院	65	343	1931 年 9 月 1 日
花蓮港醫院	29	116	1931 年 7 月 28 日
臺東醫院	34	21	1931 年 8 月 1 日
澎湖醫院	36	59	1931 年 8 月 1 日
合　計	2035	4777	

*上表傳引自《臺灣ノ阿片制度　附麻藥取締ノ概要》，A06032551400。

　　從以上分析來看，僅用兩年時間，總督府各更生院及醫院就戒除鴉片癮者達 6812 人。如果按照這個成績推斷，幾年內就可將鴉片癮者全部戒除掉，但事實並非如此。

　　總督府自 1934 年開始，正式實施第二次癮者矯正事業。在臺北更生院及臺灣各地醫院實施矯正工作，當時計劃對 19532 人中的一萬七千多名癮者進行治療，該計劃預定於 1942 年 3 月底完成。

　　同時，為了增強矯正結果，彌補鴉片令中對矯正工作的缺陷，總督府於 1936 年再次對鴉片令進行修改，在第十三條中增加了戒煙的內容，並規定對於強制、協助他人吸食鴉片的情況發生時，前者「處以五年以下之徒刑或

〔註 13〕　（日）《臺灣ノ阿片制度　附麻藥取締ノ概要》，JCAHR：A06032551400。

五千元以下之罰金」、後者「處以三年以下之徒刑或三千元以下之罰金。」
〔註14〕

1938 年時，總督府又發布《臺灣之鴉片取締法》，對鴉片成分等進行規定：

> 由日本或英國的大商家承辦原裝大土的正式輸入，存入專賣局倉庫或由專賣局封鎖，如遇有不合格之貨，只可准其付回原處，不得運往別埠。專賣局則雇用專門技師（日本），將大土煮成煙膏入罐，正重十兩，由專賣局賣與批發人，批發人只係臺灣之紳士於國家有功者或區長鄉正等，還須一向未曾受過民刑事之處分方可。批發及零星販賣之價均由專賣局規定。專賣局所煮之煙膏，逐年加淡其份量，按此辦法則吸煙者自然斷癮。

> 由批發人賣與零星販賣者以一罐為最低限度，凡零星販賣者，每開一罐，須拿到最近警察署或分署派出所。吸煙者仍須有醫生證明，其係因身體之關係或一向有癮；每日須吸多少份量，則由警察署發給吸煙許可證，憑證向零星販賣者求購。零星販賣者或開吸煙館之人，以該地地保或壯丁頭充之，以償其一向為該地方辦事之義務。

> 開吸煙館者，乃得吸煙人之煙灰為利益，但須賣與專賣局，不得另賣別人，且不得從吸煙人滲入煙膏之內吸之，亦不許私自煮作煙膏。不論何人有犯此例者，以私造煙土罪論。無吸煙許可證者，不許吸煙，且不得臥於吸煙館之床，並不得與吸煙者對面，以煙燈在中間而臥。〔註15〕

從上述內容來看，總督府為鴉片矯正工作採取了嚴厲的措施。而從接受矯正者出院後的狀況來看，初期情況也是十分良好的。自 1934 年 1 月 22 日起至 3 月 27 日，從已矯正結束的 15,101 人中，隨機抽樣取 7,727 人施予醫學檢查，總督府認定矯正的有效度為 50%，推斷有必要再次接受矯正者有 30%，並認為「以鴉片癮患者之特質而言，斯程度之再吸食亦屬無奈，唯以後當以警力加強抑制其違法吸食，如此，矯正後之成績概稱良好。」〔註16〕

〔註14〕 （日）外務省條約局，《律令總覽》，昭和 35 年，第 51 頁。
〔註15〕 中國第二歷史檔案館藏：《戒煙條例一案會議記錄司法行政部簽注意見及臺灣禁煙法規等》，全宗號二〇一〇、案卷號 6231。
〔註16〕 （日）《臺灣ノ阿片制度　附麻藥取締ノ概要》，JCAHR：A06032551400。

　　總督府真的想讓臺灣人戒除鴉片嗎？筆者認為是這只是總督府對外的宣傳，因為從第二期的矯正工作實際情況來看是失敗的。第二期矯正工作於 1942 年 3 月底結束，其成果如下表所示：

年　度	1934	1935	1936	1937	1938	1939	1940	1941	1942	矯正者別小計
受命矯正者	55	30	26	19	5	3	2	9	28	177
自願矯正者	18	213	273	363	247	174	156	49	9	1502
毒品中毒者	5	7	8	7	9	23	28	43	6	136
合計	78	250	307	389	261	200	186	101	43	1815

*此表傳引自劉明修著，李明峻譯，《臺灣統治與鴉片問題》，第 233 頁

　　從上表來看，九年時間裏，全部接受矯正者僅有 1815 名。如果與 1934 年比較，可見其後的矯正成績極不理想。下表為 1934～1941 年臺灣鴉片吸食特許者與鴉片收入表：

年　度	特許吸食人數	占人口比例（%）	經常歲入	鴉片收入
1933	17820	0.4	100,644,080	2,895,264
1934	16190	0.3	110,614,520	2,558,371
1935	14644	0.3	123,407,834	2,567,588
1936	13278	0.3	138,144,215	2,161,203
1937	11960	0.2	153,455,476	2,752,389
1938	10788	0.2	176,713,772	2,613,053
1939	9613	0.18	216,356,142	2,878,636
1940	8594	0.14	245,853,437	2,278,542
1941	7560	0.1	265,864,601	1,841,522

*此表傳引自劉明修著，李明峻譯，《臺灣統治與鴉片問題》，第 234 頁

　　從上表內容來看，1934 年有鴉片特許吸食人數 16190 人，而在《臺灣的鴉片制度（附麻藥取締概要）》中，曾言之「有 15101 人接受矯正，並認定矯正的有效度為 50%。」的說法十分令人懷疑。

　　第二次矯正工作歷時八年，其矯正治療成績如果與 1934 年時的成績相比，可謂是極差，沒有達到戒除的目的。而臺灣當時的生活條件，加之吸食鴉片者多不長壽，故之後歷年人數的減少，基本都是自然死亡造成的，就連劉明修在《臺灣統治與鴉片問題》中都認為：「殘留的特許吸食者人數依然相

當可觀，雖則年年持續地減少，但大多不是源於矯正治療的成功，乃依舊是自然死去或自動戒癮的結果。」〔註17〕

　　總督府為什麼不積極給臺灣鴉片癮者進行治療，筆者認為，首先是臺灣已經成為日本東亞殖民地販毒系統的基礎，其次是中日戰爭爆發，軍隊對麻醉劑的需求量大增，使日本內部調整鴉片政策，將臺灣作為整個殖民地鴉片制度的基礎，其地位是其他地區所無法替代的。

二、戰時體制與總督府後期的鴉片製造

1. 戰爭體制要求內外一體化

　　第二次矯正沒有取得理想成績，這只能說明日本人並不想讓臺灣的鴉片制度消失。臺灣的鴉片專賣制度是整個日本與東亞殖民地販毒網絡中最基礎部分。另外，中日戰爭爆發對麻醉劑的大量需求，可能是這次矯正沒有取得理想結果的真正原因。

　　1937年中日戰爭爆發後，臺灣總督府以禁止學習閩南語、禁止漢文書房、禁止報紙漢文欄、查禁漢文著作的「國語運動」為標誌，開始了皇民化運動。臺灣的地位開始發生轉變。

　　首先、臺灣作為日本第一塊殖民地，在日本帝國主義經濟圈裏所處的角色發生了根本的變化。由於在地緣上更鄰近南洋各國，臺灣不僅作為日本母國的商品銷售市場和糧食供給地，另外，1941年太平洋戰爭爆發後，日本進入所謂戰時體制，臺灣作為南進基地的作用更為明顯。臺灣其作為東亞共榮圈中心的「兵站基地」，必須提高軍需生產的能力，故必須加強工業化，特別是利用臺灣的人力、物力、財力及各種資料，從事工業品的生產，供給戰爭使用。

　　其次、日本國內產業升級已經完成，糧食基本能夠供給，而糖類亦可由印尼等地廉價獲得，臺灣作為基礎經濟的作用已經降低。

　　第三、自1938年開始的「臺灣生產力擴充五年計劃」，使臺灣經濟實現從以食品加工為主向以化學工業為中心的軍事工業體制的轉變。在戰爭經濟體制下，臺灣發揮「兵站基地」的作用，形成了「工業臺灣、原料南洋」的新政策。

　　臺灣的角色雖然發生變化，但其麻醉劑原料供給地的地位並沒有改變，

〔註17〕劉明修著，李明峻譯，《臺灣統治與鴉片問題》，第222頁。

反而在加強。臺灣製造鴉片煙膏所提煉出來的粗製嗎啡，是製造麻藥的基礎用藥，早期臺灣的粗製嗎啡由星製藥所壟斷，在「臺灣鴉片事件」後，由星製藥、三共及大日本三家共同分享，中日戰爭爆發以後，日本內閣做決定：從1938年開始，每年向東京衛生試驗所提供550千克的粗製嗎啡。〔註18〕而筆者找到的「戰用衛生材料動員用品交付之件」〔註19〕中也明確記載，諸如鴉片酊、可卡因類相關的多種藥品在案。

實際上，日本人認為臺灣的鴉片專賣制度，是近代對外擴張中非常值得讚美的政策，其後在殖民地朝鮮、中國東北等地，都以臺灣鴉片制度的經驗、人脈及制度為藍本，建立起龐大的國家販毒網絡。

日俄戰爭後的1906年，日本在關東州的大連市，以石本貫太郎為首的鴉片「特許販賣人」制度開始創設，而石本本人就是臺灣總督府鴉片製藥所的翻譯官。1905年時，出任關東都督府民政長官石冢英藏，對中國東北的產業進行調查，而石三就負責鴉片方面的調查。

在完成調查後，石本還向後藤新平提出了在滿洲建立鴉片制度的構想：以滿洲人口二千萬概算，奉天西藥局為中心，將鴉片專賣權收歸到手中，以官營將臺灣總督府專賣局製造的三等煙膏進行販售，每年預計可收入1,080萬元。〔註20〕

關東都督府接受石本的建議，表面上以當地的旅順公議會長潘忠國之名，實際上在大連設立鴉片總督，並著手將臺灣總督府製造的煙膏進行販賣。

在殖民地朝鮮雖然強調與日本內地一致，對鴉片煙的吸食采取刑事處分，但此後在巨大的經濟利益誘惑下，於1919年頒布鴉片令，實施鴉片專賣制度，同時指定罌粟的栽培地，使朝鮮也成為日本國家販毒的一環。〔註21〕

日本佔領德國租借地山東青島後，臺灣專賣局長賀來佐賀太郎，代理臺灣民政長官，向陸軍次官山田隆一提出照會：

現於青島實施軍政，而該地中國人中必有鴉片煙膏吸食者。臺灣總督府專賣局製造之鴉片煙膏極適合一般鴉片吸食者的嗜好，並擁有充分的製造能力，此時正可將總督府製造的鴉片煙膏售與前述吸食者，若得閣下同意，願

〔註18〕（日）《帝國阿片年報　昭和11年度／1937年》，JCAHR：B10070289500。
〔註19〕（日）《戰用衛生材料動員用品交付の件》，JCAHR：C01003823200。
〔註20〕（日）山田豪一，《滿洲國の阿片專賣》，第9～10頁。
〔註21〕（日）賀來佐賀太郎，《日本帝國の阿片政策》，《現代史資料——阿片問題》，みすず書房，1986年，第38頁。

訂立有關之販售規定，且就其他取締條項簽立協議，此件有煩詮議，特此照會。〔註22〕

　　陸軍軍方授受臺灣總督府的請求，於 1915 開始，特許臺灣將鴉片輸往青島地區。

　　1917 年 7 月，賀來佐賀太郎，又提出了《帝國鴉片政策統一論》，倡導日本各殖民地或租借地實施統一的鴉片調配制度：期望日本帝國殖民地鴉片制度的統一，而其實施應參照臺灣鴉片專賣制度的施行經過，制定發布適當法令，以期毫無疏漏地運用。至於其實施時所需鴉片煙膏的製造，若能責成有多年經驗及熟練職工的臺灣總督府為之，託付其因應必要加以製造，則僅需支付其製品販售上所需之費用即可。如此，各殖民地毋須企劃任何設施，即可達其目的……臺灣鴉片工廠的製造能力一年約 60,000 貫，而目前一年製造數量僅 26,000 貫，其相差約有 30,000 貫以上的過剩能力，故足可應付上述所需求量 16,000 貫餘，若實施本項政策，上述殖民地政廳不僅可節約建造工廠的設備及其他費用，且毋須如目前為購買原料而有所不安，相信可具體呈現理想的成果，此事毋庸置疑。〔註23〕

　　賀來提出的「統一論」，實質上就是利用臺灣的鴉片制度，將各殖民地鴉片制度統合起來。至於日本的殖民地販毒系統究竟吸收了多少賀來的「統一論」筆者沒有深入研究，但太平洋戰爭爆發以後，以臺灣為鴉片專賣制度基礎的整個日本東亞販毒體系，其動作是相互統一的。而資料也可以證明，這種推理有其合理性，在《帝國阿片年報昭和 9 年度／1935 年》中，日本就已經開始調整政策：「鴉片、嗎啡、海洛因及可卡因鹽類的製造，以前是以自給自足為目的，以前麻藥的管理相關事務由內務省衛生局統一管轄，從今年開始，設立由內務大臣監督下的鴉片委員會，由各關係廳任命委員，應相關各大臣的諮問，依據鴉片及麻藥類相關適當的對策，審議內外地製造、移入的統制等重要事項。」〔註24〕可見，臺灣的鴉片專賣制度已經不再是一個獨立體，它與各殖民地的鴉片制度相統合，成為日本殖民地政策的重要組成部分。

〔註22〕（日）臺灣總督府專賣局，《臺灣阿片志》，臺灣日日新報社，大正 15 年，第318 頁。
〔註23〕（日）賀來佐賀太郎，《帝國阿片政策統一論》，轉引自劉明修著，李明峻譯，《臺灣統治與鴉片問題》，第 256～257 頁。
〔註24〕（日）《帝國阿片年報昭和 9 年度／1935 年》，JCAHR：B10070289100。

2. 後期總督府的鴉片製造

後期的臺灣鴉片專賣制度，其存在的價值已經不僅僅是滿足於經濟的收入上，而是作為整個日本殖民政策的重要環節而存在，下表為 1935 年至 1940 年各年度臺灣鴉片的歲入及由鴉片而產生的各種管理費用表：

年　度	鴉片歲入 （元，千以下省略）	鴉片的各種費用 （元，千以下省略）
1935 年	鴉片煙膏批發收入：2,146,000 藥用鴉片批發收入：2,000 粗製嗎啡收入：641,000 總計：2,784,000	警察費：2,138,000 稅關費：36,000 癮者矯正費：28,000 鴉片專賣費：558,000 刑務所費：50,000 法院經費：53,000 總計：2,863,000
1936 年	鴉片煙膏批發收入：2,071,000 藥用鴉片批發收入：2,000 粗製嗎啡收入：436,000 總計：2,509,000	警察費：2,161,000 稅關費：41,000 癮者矯正費：28,000 鴉片專賣費：421,000 刑務所費：47,000 法院經費：55,000 總計：2,753,000
1937 年	鴉片煙膏批發收入：1,891,000 總計：1,891,000	警察費：2,188,000 稅關費：44,000 癮者矯正費：28,000 鴉片專賣費：400,000 刑務所費：46,000 法院經費：56,000 總計：2,762,000
1938 年	鴉片煙膏批發收入：1,790,000 總計：1,790,000	警察費：2,138,000 稅關費：38,000 癮者矯正費：28,000 鴉片專賣費：272,000 刑務所費：32,000 法院經費：40,000 總計：2,548,000

1939 年	----	----
1940 年	鴉片煙膏批發收入：1,876,000 總計：1,876,000	警察費：2,140,000 稅關費：36,000 癮者矯正費：27,000 鴉片專賣費：272,000 刑務所費：25,000 法院經費：31,000 總計：2,986,000

*此表根據日本亞洲資料中心所收藏之《帝國阿片年報　昭和 9 年度／1935 年》，
B1007028900；《帝國阿片年報　昭和 10 年度／1936 年》，B10070289200；《帝國阿
片年報　昭和 11 年度／1937 年》，B10070289400；《帝國阿片年報　昭和 12 年度／
1938 年》，B10070289600；《帝國阿片年報　昭和 9 年度／1940 年》，B10070283500
整理而成。

　　從上表來看，自 1935 年開始，基本上每年各種鴉片管理相關費用，已
經高於鴉片煙膏的收入，從單純數字經濟學的角度上講，鴉片專賣制度已
經失去存在的必要。這也可以從另外的視角說明鴉片專賣制度在後期整個
日本殖民地體系中的作用。

　　另外從上表來看，其矯正費用每年有維持在 28000 元上下，幾年的時
間都沒有任何的增長，這也可以解釋前述第二期矯正工作為什麼失敗的原
因所在。

　　上述幾份年報中，都沒有對臺灣的嗎啡類新式毒品的制度進行具體的
記載。只是簡單地記載有麻醉類藥品製造「粗製嗎啡、鹽酸可卡因」等，沒
有具體的數字。但我們可從其所記載的麻醉品犯罪一欄中，也可分析出其
製造能力。以 1940 年為例，當時鴉片及麻醉品類犯罪多達近二千五百件，
處理各類鴉片罪犯罪高達 1829 人。〔註 25〕

　　另外，從總督府記載的 1932～1933 年日本及所屬殖民地各種麻藥的消
費推斷，可以證明臺灣鴉片專賣制度已不僅在於經濟收益，同時也已成為
販毒體系的重要一環。下表為 1932～1933 年日本及所屬殖民地各種麻藥的
消費表：

〔註 25〕　（日）《帝國阿片年報　昭和 9 年度／1940 年》，B10070283500。

地 域	年 次	嗎啡（千克）	海洛因（千克）	可卡因（千克）
日本	1932	920	650	994
	1933	950	600	930
朝鮮	1932	200	130	30
	1933	224	119	31
臺灣	1932	10	25	36
	1933	12	21	33
關東州	1932	62	1	25
	1933	83	1	32
全世界	1932	84	110	72
	1933	98	111	75

*此表根據《臺湾ノ阿片制度　附麻薬取締ノ概要》（A06032551400）之內容整理而成。

　　從上表分析來看，在 1932、1933 年時，日本及其殖民地的新式麻藥類使用量，遠遠高於世界的平均水平。臺灣在此類藥品的消費水平雖然不高，但其卻是其原料粗製嗎啡的提供地，這也可以理解為什麼總督府雖然表達要盡快幫助臺灣人戒除鴉片煙癮，但卻始終沒有成功的關鍵所在。

三、臺灣鴉片制度最後終結

　　1940 年 10 月，以近衛文麿為首的日本政府，為推動重新組織國民的新體制運動，設立大政翼贊會，作為呼應，臺灣亦設立推進同化政策的「皇民奉公會」。當時實際主持臺灣鴉片矯正工作的杜聰明教授，被委任為皇民奉公會臺北支部生活部長。杜聰明致力於除卻臺灣人吸食鴉片的惡習，他深感到，第二次矯正不能達到目的的原因，就在於總督府本身，故他抓住這個機會，於 1940 向總督府提出「鴉片吸食特許者矯正治療建議書」，內容如下：

　　在臺灣實施的鴉片漸禁政策，是世界上所有麻藥中毒者對策中，最值得誇耀的制度……自樹立此鴉片漸禁政策以來，迄今業已經過四十年……全島現存吸食鴉片特許者的人數、鴉片販賣數量、每日吸食量等均已顯著減少，目前僅剩約 10,780 人，此狀態深獲世界各國的讚賞。

　　同時，隨著時勢的變遷，島民文化衛生思想的發達，鴉片癮治療方法的進步，特別是如今處於非常時局之際，臺灣鴉片漸禁政策的最終措施，即是

今後將目前僅存的少數鴉片吸食特許者迅速矯正治療的方法已可充分期待。

第一項理由是矯正治療鴉片吸食特許者方法的發達與進步……根據臺北更生院的矯正治療成績顯示，鴉片癮者的除癮治療較嗎啡中毒者的治療更容易且無甚痛苦，依吾人的見解與經驗，現存吸食特許者至少有七成可容易確實地成功除癮。

第二項理由是鴉片煙膏專賣制……此制明顯是以防止或統制私自吸食鴉片者為主眼而設立，而非以收入為目的。就實施迄今的國庫收入方面觀之，販賣價格最高為大正9年7,708,235日圓，在最近的昭和13年度僅剩2,003,045日圓……扣除相關費用之後，淨利僅餘數十萬乃至百萬日圓。

第三項理由係基於目前的非常時局，中央政府正極力防止統制外匯流出國外，而單是購買生鴉片原料每年須流出五、六十萬日圓的外匯。換言之，鴉片吸食特許者若得以除癮矯正，即可防止外匯流出國外……

第四項理由為東亞鴉片會議的結論。依東亞鴉片會議決議，東亞各國應協調鴉片禁止政策……東亞鴉片會議的目的……「為達成帝國的道義使命，帝國應漸確立日滿中相互關係」……「以此精神為體，將鴉片逐出東亞」，乃是此政策的根本意義……帝國若疏於東亞的鴉片肅清工作，則將墮為往昔英帝國主義的亞流，以鴉片為國家財政經濟資源的考慮已過時，為一時權宜之計的措施……由今日東亞的長遠方針，特別從道義性東亞建設的見地來看，應早日將其拋棄，以求日滿中三國在國家經濟財政上的正當來源。

第五項理由與滿州國及朝鮮有關，滿州國早於昭和13年確立十年鴉片禁絕政策，並逐步進行計劃，致力於在較短期間內建立禁絕成果，朝鮮於此前方實施慢性嗎啡中毒者的強制治療，且已有相當的成績……臺灣較前述地區更早樹立禁絕政策……並已有值得誇耀的成果，鑒於今後東亞的情勢，吾人更有進一步推行促進禁絕政策之必要……臺灣目前（昭和12年度底）鴉片吸食特許者有12,063人，較前一年度減少1,511人……由前述特許者及減少人數比例來看，臺灣廢止鴉片專賣制度並不困難。

第六項理由是：對鴉片吸食特許者實施矯正治療是防止臺灣發生私下吸食的唯一方法……對吸食特許者進行除癮治療，不單是救濟特許者本人，亦可於全島確實防止私下吸食者。

第七項理由是：鴉片吸食特許者本身已對實施除癮治療有相當的理解……他們亦自覺到吸食鴉片對其身體有害，且深知除癮治療並不痛苦……

希望接受除癮治療者已有相當人數，且其家族亦對此深表感謝。

第八項理由是：此事為保健衛生上極其要緊的事……

依上述各項理由，對僅有的鴉片吸食特許者實施矯正治療是期待臺灣鴉片漸禁政策臻於完備所必要之事。同時，此點亦符合外務省於昭和五年在國際聯盟所宣布「現在已能明確指出，十五年內將於臺灣完全禁止製造、販賣及使用鴉片煙膏」的說法……

最後，關於對此等鴉片吸食者進行矯正治療之方法，第一是除特許者死亡、戒癮等自然減少之外，於五年內將彼等陸續收容於臺北更生院矯正治療。

第一、臺北更生院之定額為二百五十床，矯正每名患者平均預定須五十日，故一年為 1,093 人，五年合計 5,465 人。依特許者死亡及戒癮自然減少者的比例推算，五年約可達 4,000 人，而昭和 15（1940）年度死亡者有 1,00 人，合計 10,465 人。此數已接近現存吸食特許者的全數，而剩餘之 323 人可視為矯正不可能者。

第二、關於矯正治療的順序，可由最年少者、最少指定量者及無併發症狀之健康吸食特許者開始……從容易除癮者著手，將死亡率較高者順延後移……

第三、對於已出現併發症狀成為無法矯正者，最後是使其服食藥用鴉片粉末以代替鴉片煙膏。若採此法，則政府有必要對鴉片煙膏實施製造配給。〔註 26〕

杜聰明先以漸禁政策的實施已經吸食鴉片特許者顯著減少而獲世界的讚賞的褒美之詞入手，從矯正治療方法的發達與進步、鴉片專賣非以收入為目的、非常時局、國際壓力、外部環境等為條件，提出完全禁止吸食的最佳時期已經到來。

對於杜聰明提出的意見書究竟起什麼樣的作用，筆者沒有找到資料來證明。實際上 1938 年，總督府發布《臺灣之鴉片取締法》，可以說是總督府斷禁鴉片的開始，但其斷禁政策，是以繼續實行鴉片專賣制度為基礎，只是加大對私製、私吸、私賣等的處罰，並給予經營鴉片業的臺灣人以更大的利益，來誘使臺灣人為其驅使。這種鴉片斷禁政策，明顯具有為戰時體制服務性質，並不是要真正斷禁，而是與日本帝國侵略擴張的步伐相配合，把目標指向中

〔註 26〕杜聰明《杜聰明第八報告》，轉引自劉明修著，李明峻譯，《臺灣統治與鴉片問題》，第 245～248 頁。

國大陸及東亞地區。

　　但筆者認為主要由於原料的緊張，戰時對麻醉品的大量需求等各種因素，才是導致總督府接受杜聰明的建議，開始在臺灣實施第三期矯正工作。

　　杜聰明受命後，開始著手對存在鴉片癮者進行醫學檢查，自 1941 年 3 月 1 日至 5 月 3 日，對當時吸食的特許者 8168 名人員進行檢查，認可接受矯正者為 5906 人。

　　第三期矯正工作尚未全面開展，太平洋戰爭業已爆發。日本開始全面侵佔東南亞，英、美、法等國在亞洲的殖民地紛紛落入日本手裏。但由於戰火遍地，鴉片的交易鏈斷裂，日本及臺灣等地所需要的鴉片原料越發困難。

　　另外，戰爭期間臺灣物資日漸匱乏，經濟統制加強，1942 年 4 月 1 日，日本實施「陸軍特別志願兵制」，日本需要每一個臺灣人都有一個健康的身體和良好的精神狀態，原先的鴉片漸禁政策已不適應形勢的需要。為配合皇民化運動和適應新的戰時體制，總督府決定實施更嚴格的實施鴉片斷禁政策，這才是總督府第三期矯正的根本原因。

　　1945 年 8 月 15 日，日本投降，中國軍隊於 10 月 25 日接收了臺灣。總督府的更生院隨即改名為「戒煙所」。1946 年 6 月 10 日，隨著最後一名矯正者陳桂英的出院，日本殖民時代的鴉片癮者全部消除。

小　結

　　綜上所述，雖然杜聰明博士早就提出在醫學上斷禁鴉片煙癮的好方法，但由於日本顧及到各殖民地業已形成的販毒系統，其矯正工作只是樣子工程，日本在臺灣持續五十年的鴉片專賣制度，最終在世界反法西斯戰火中，因臺灣人杜聰明的努力而宣告結束。

參考書目

一、原始檔案

1. 《明治廿九年三月中民政事務報告書》，B03041509900。

2. 《月報　臺灣総督府（2）》，C09060200800。

3. 《臺湾総督府ヨリノ報告書類》，B03041509200。

4. 《臺湾総督府報告書》，B03041509300。

5. 《3 臺湾総督府民政事務報告　第二號》，B03041509400。

6. 《4 臺湾総督府民政事務報告　第參號》，B03041509400。

7. 《5 臺湾総督府民政事務報告　第五號1》，B03041509600。

8. 《6 臺湾総督府民政事務報告　第五號2》，B03041509700。

9. 《7 明治二十九年二月分臺湾総督府民政事務報告　第七號》，B03041509800。

10. 《8 明治廿九年三月中民政事務報告書》，B03041509900。

11. 《9 臺湾総督府開創以來外國人関係事務取調書〔送付狀〕》，B03041510000。

12. 《10 臺湾総督府開創以來外國人関係事務取調書》，B03041510100。

13. 《御署名原本・明治二十九年・勅令第九十八号・臺湾総督府制藥所官制》，A03020233800。

14. 《御署名原本・明治三十年・勅令第百六十二号・臺湾総督府制藥所官制改正》，A03020290400。

15. 《御署名原本・明治三十一年・勅令第百十号・臺湾総督府製薬所官制改正》，A03020340900。

16. 《御署名原本・明治三十二年・勅令第四百五十五号・臺湾二於ケル関税及専売規則等違反申告者賞与二関スル件》，A03020426000。

17. 《御署名原本・明治三十四年・勅令第百十六号・臺湾総督府専売局官制制定臺湾総督府製薬所官制臺湾塩務局官制臺湾樟脳局官制廃止》，A03020501900。

18. 《御署名原本・明治三十五年・勅令第一号・明治三十二年勅令第四百五十五号（臺湾二於ケル関税及専売規則等違反申告者賞与二関スル件）中追加……》，A03020521600。

19. 《御署名原本・明治四十二年・勅令第百五十九号・明治三十二年勅令第四百五十五号（臺湾二於ケル関税及専売規則等違反申告者賞与二関スル件）中改正……》，A03020802700。

20. 《御署名原本・明治四十四年・勅令第百六十号・臺湾二於ケル関税法等違犯申告者賞与二関スル件》，A03020904300。

21. 《御署名原本・昭和十七年・勅令第五八九号・臺湾総督府専売局官制中改正ノ件》，A03022748900。

22. 《臺灣総督府専売局事務官特別任用令》，A03033325200。

23. 《第一阿片会議ノ協定及議定書並二第二阿片会儀ノ条約及議定書御批准ノ件》，A03033701700。

24. 《関東州阿片令中改正ノ件》，A03033701800。

25. 《臺湾総督府民政長官従四位勲三等後藤新平以下九名勲位進級初叙及勲章加授ノ件》，A10112542200。

26. 《故休職臺湾総督府専売局長池田幸甚勲章加授ノ件》，A10112987800。

27. 《臺湾総督府総務長官正四位勲二等賀来佐賀太郎勲章加授ノ件》，A10112988800。

28. 《参照明治二十九年度歳入予算追加明細書》，A10110973700。

29. 《参照明治三十一年臺灣総督府特別會計歳出追加予定計算書》，A10110991900。

30. 《参照明治三十二年度各特別會計追加予定計算書》，A10110997200。

31. 《參照明治三十八年度各特別會計追加予定計算書》，A10111024900。

32. 《阿片委員會委員氏名》，A08071640200。

33. 《臺湾総督府専売局粗製モルヒネの処分に関する件（第 2 号議案）》，A08071640700。

34. 《南支那及南洋調查　第 144 輯　新嘉坡阿片印度阿片（阿片調查其一）》，A06032519200。

35. 《內外情報　第 132 號》，A06032522700。

36. 《內外情報　第 134 號》，A06032522900。

37. 《昭和三年　臺灣犯罪統計（実數及比例）》，A06032529500。

38. 《大正十年　臺灣犯罪統計（実數及比例）》

39. 《大正十一年　臺灣犯罪統計（実數及比例）》，A06032529700。

40. 《臺灣總督府制藥所事業第三年報》，A06032532200。

41. 《臺灣阿片行政施行狀況　明治 29～40 年》，A06032550700。

42. 《臺湾阿片行政施行狀況》，A06032550800。

43. 《臺湾衛生概要》，A06032551000。

44. 《臺湾ノ阿片制度　附麻藥取締ノ概要》，A06032551300。

45. 《南支那及南洋調查第百四十八　波斯阿片・土耳古阿片（阿片調查其二）》，A06032558600。

46. 《臺湾阿片令改正律令案》，A01200587400。

47. 《臺湾総督府専売局粗製モルヒネノ処分ニ関スル件ヲ定ム》，A01200630600。

48. 《臺湾阿片令中ヲ改正ス・（強制又ハ誘引シテ吸食セシメタル者等罰則）》，A01200732200。

49. 《臺湾阿片令ヲ定ム》，A01200856300。

50. 《臺湾阿片令中ヲ改正ス》，A01200875100。

51. 《臺湾阿片令中ヲ改正ス》，A01200926700。

52. 《臺湾阿片令中ヲ改正ス》，A03010150100。

53. 《臺湾島阿片制度ニ関スル件》，A04010019600。

54. 《臺湾総督府専売局長賀来佐賀太郎提出支那ノ阿片制度ニ対スル意見書ノ件》，A04018110400。

55. 《臺北庁治便覽》，A06031515100。

56. 《臺湾現勢要覽 大正 14 年版》，A06031516000。

57. 《3‧第四十四議會／目次》，B03041475900。

58. 《第四十四議會／通商局第一課関係第四十四議會說明参考資料 1》，B03041476000。

59. 《分割 3 戊號（臺灣総督府）》，B06150840400。

60. 《5‧日本之部》，B04122137000。

61. 《国際連盟阿片関係一件／各國阿片政策及法規関係》。

62. 《国際連盟阿片関係一件／不正取引防止二関シ各国卜協力関係》，B04122138000。

63. 《国際連盟阿片関係一件／極東阿片事情調查小委員會派遣関係 第一卷》

64. 《国際連盟阿片関係一件／極東阿片事情調查小委員會派遣関係 第二卷》

65. 《国際連盟阿片関係一件／極東阿片事情調查小委員會派遣関係／調查資料関係 第一卷》

66. 《国際連盟阿片関係一件／極東阿片事情調查小委員會派遣関係／調查資料関係 第二卷》

67. 《国際連盟阿片関係一件／極東阿片事情調查小委員會派遣関係／調查資料関係 第三卷》

68. 《13－2‧阿片害毒防止會》，B05015662800。

69. 《《英仏ノ在支権益ノ基礎ハ如何ニシテ築カレタカ／1938 年》，B10070167900。

70. 《国際連盟二提出セル 1933 年度帝国阿片年報／1934 年》，B10070280700。

71. 《帝國阿片年報 昭和 9 年度／1935 年》，B10070289100。

72. 《帝國阿片年報 昭和 10 年度／1936 年》，B10070289300。

73. 《帝國阿片年報 昭和 11 年度／1937 年》，B10070289500。

74. 《帝國阿片年報 昭和 12 年度／1938 年》，B10070289700。

75. 《帝國阿片年報 昭和 14 年度／1940 年》，B10070283600。

76. 《国際連盟ニ提出シタル 1925 年度ノ阿片及有害薬品ノ取引ニ関スル
年報／（附、1924 年度ノ年報）／1926 年》，B10070291000。

77. 《日英外交史　（上巻）／1937 年／分割 2》，B10070374200。

78. 《国際連盟阿片関係一件／阿片年報関係／本邦関係》

79. 《国際連盟阿片関係一件／各国阿片政策及法規関係》

80. 《国際連盟阿片関係一件／各国阿片政策及法規関係／中国ノ部》。

81. 《11・米船アリス号（臺湾安平港ニ於ケル支那阿片押収ノ件）》，
B06050047500。

82. 昭和九年度下半期臺湾総督府専売事業概況／（2）各論〈3〉阿片》，
B06050113500。

83. 《本邦専売関係雑件／臺湾総督府ノ部》，B06050115400。

84. 《1・昭和十六年度上半期臺湾総督府専売事業概況／（1）總敘》，
B06050114300。

85. 昭和十六年度上半期臺湾総督府専売事業概況／（2）各論》，B06050
114400。

86. 昭和十六年度上半期臺湾総督府専売事業概況／（2）各論〈3〉阿片》，
《B06050114700。

87. 《英国の阿片「モルヒネ」「コカイン」及其の塩類の輸出制限に関する
件》，C03022574400。

88. 《臺湾に於ける衛生中阿片吸煙予防に関する件　意見書》，C0303104
4500。

89. 《時局特報　第 40 號》，C01002260300。

90. 《時局特報　第 41 號》，C01002260600。

91. 《時局特報　第 44 號》，C01002261600。

92. 《関東州及青島に於ける阿片制度に関する件》，C03025405800。

93. 《冀東政府禁煙法規草案の件》，C01003184200。

94. 《阿片産業に従事する吏員派遣の件》，C10060827700。

95. 《臺湾に於ける阿片烟意見書甲乙 2 通新聞掲載に係る件及未載分返卻
請求》，C10061123000。

96. 《臺湾に於ける阿片意見 1 篇総理大臣、外務、内務、陸軍各大臣へ送

付の件》，C10061154500。

97. 《第131号8·12·28福建独立後の対岸情報に関する件》C05022769100。

98. 《5·大正制藥払下阿片密買ニ干スル件》B06150879900

99. 《6·星制藥及「ミッドヴロード」事件ニ干スル件》B06150880000。

100. 《4·1923年度本邦制「ヘロイン」「コカイン」製造量消費量ノ件》，
B06150879800。

101. 《8·議事内容（1）》，B06150880200。

二、外文圖書

1. （日）臺灣總督府警務局編：《臺灣總督府警察沿革志》（全五編），南天
書局，1995。

2. （日）《鷲巢敦哉著作集》（全五卷），編者：中島利郎、吉原大司、発行
者：南里知樹、発行所：株式會社綠陰書房、2000年12月10日初版第
1刷発行。

3. （日）持地六三朗著：《臺灣殖民政策》，臺灣南天書局有限公司，一九
一二年八月東京二版發行，一九九八年五月臺北一刷發行。

4. （日）鶴見祐輔編著：《後藤新平伝》（全三卷），発行所：後藤新平伯伝
記編纂會，昭和十二年七月二十日發行。

5. （日）大霞會編：《內務省史》（第二卷），地方財務協會出版，1970初版。

6. （日）井出季和太：《南進臺灣史考》，誠美書閣，1943。

7. （日）《臺灣總督府例規類抄》，臺灣總督府民政局文書課，1896。

8. （日）鶴見祐輔：《正傳·後藤新平》，藤原書店，2005年2月28日，初
版式第一刷發行。

9. （日）竹越與三郎：《臺灣統治志》，南天書局，1997年12月。

10. （日）杵淵義房著：《臺灣社會事業史》，南天書局有限公司，民國八十
年八月復刻版發行。

11. （日）伊藤博文編：《秘書類纂臺灣資料》，原書房，1977復刻版。

12. （日）《現代史資料——阿片問題》，みすず書房，1986年。

13. （日）植田捷雄，《東洋外交史》（上），東京大學出版會，昭和44年。

14. （日）荒川淺吉，《阿片の認識》，臺灣專賣協會，昭和18年。

15. （日）植田捷雄，《東洋外交史》（上），東京大學出版，昭和 44 年。

16. （日）外務省編，《日本外交文書》，第 11 卷，日本國際聯合協會，昭和 20 年。

17. （日）外務省條約局，《舊條約彙纂》，第一卷第二部，第 218 頁。

18. （日）田澤震五編，《阿片資料》，精秀社，昭和七年。

19. （日）內閣官報局編《法令全書》，第一卷，昭和 49 年。

20. （日）水野遵，《臺灣阿片處分》，発行者：水野遵，明治 31 年。

21. （日）山辺健太郎編，《現代史資料——臺湾（一）》，みすず書房，1971 年。

22. （日）高浜三郎，《臺灣統治概史》，新行社，昭和 11 年。

23. （日）《日本外交文書》第 28 卷，日本國際連合協會，昭和 28 年。

24. （日）《原敬関係文書》第六卷，日本放送出版協會，昭和 32 年。

25. （日）長岡祥三訳，《アーネスト・サトウ公使日記 1》，新人物往來社，1989 年。

26. （日）宿利重一，《児玉源太郎》，國際日本協會，昭和十八年。

27. （日）《大日本帝國議會志》第三卷，大日本帝國議會志刊行會、昭和 2 年。

28. （日）大蔵省，《明治大正財政史》第 19 卷，財政經濟學會，昭和 15 年。

29. （日）井出季和太，《臺灣統治志》，臺灣日本新報社，昭和 12 年。

30. （日）矢内原忠雄，《帝国主義下の臺湾》，1988 年復刊。

31. （日）《詔敕、令旨、諭告、訓達類纂》，昭和十六年，成文出版社影印。

32. （日）水野遵，《臺灣阿片處分》，発行者：水野遵，明治 31 年。

33. （日）長岡祥三訳，《アーネスト・サトウ公使日記 1》，新人物往來社，1989 年。

34. （日）松下芳三郎，《臺灣阿片志》，臺灣日日新報社，大正 15 年。

35. （日）《臺灣鴉片制度要旨》，臺灣總督府製藥所，明治三十年。

36. （日）荒川淺吉，《阿片認識》，發行人：樂滿金次，昭和 18 年，第 194～195 頁。

37. （日）井出季和太，《臺灣治績志》，臺灣日日新報社，昭和 12 年，第 243 頁。

38. （日）臺灣總督府製藥所，《臺灣總督府製藥所第一年報》，明治 31 年。

39. （日）臺灣總督府製藥所，《臺灣總督府製藥所第二年報》，明治 32 年。

40. （日）《臺灣專賣事業年鑒（昭和十二年版）》，臺湾と海外社，昭和十二年。

41. （日）宮島干之助著，《國際阿片問題的經緯（附麻藥略說）》，日本國際協會發行，昭和十年。

42. （日）《臺灣阿片令注解》，臺灣總督府製藥所，明治三十年。

43. （日）《臺灣總督府事務成績提要》（第七篇），成文出版社，1985 年。

44. （日）大藏省，《明治大正財政史》第 19 卷，財政經濟學會，昭和 15 年。

45. （日）國際聯盟協會，《阿片会議の解說》，國際聯盟協會，大正 14 年。

46. （日）《戰爭と日本阿片史──阿片王二反長音藏の生涯》，みすず書房，1977 年。

47. （日）倉橋正直，《日本阿片帝國》，共榮書房，2008 年。

48. （日）大山惠佐，《星一評伝：努力と信念の世界人》，大空社，1997 年。

49. （日）星新一，《明治の人物志》，東京：新潮社，1978 年。

50. （日）《阿片事件辯論速記錄》，臺灣圖書館影印製作，昭和十七年。

51. （日）《臺湾南支南洋パンフレット》，拓殖通信社，1926。

52. （日）星製藥株式會社，《阿片事件顛末》，星製藥株式會社，1926 年。

53. （日）《阿片二関スル条約及決議集》，日本外務省条約局，昭和十二年。

54. （日）《阿片会議の解說》，國際連盟國協會，大正十四年。

55. （日）楊肇嘉編輯，《臺灣阿片問題》，新民會發行，昭和五年。

56. （日）國際連盟極東鴉片問題調查委員會，《極東阿片問題》，國際連盟協會，昭和 8 年。

57. （日）江口圭一，《日中戰爭期鴉片政策》，岩波書店，1985 年版。

58. （日）《製藥所試驗彙報》第一號，臺灣總督府製藥所，明治三十三年。

59. （日）外務省條約局，《律令總覽》，昭和 35 年，第 51 頁。

三、碩士論文

1. 張文義，《日本殖民體制下的臺灣鴉片政策》，中國文化大學日本研究所，1987 年。

2. 陳進盛，《日據時期臺灣鴉片漸禁政策之研究 1895 年～1930 年》，國立
   臺灣大學政治學研究所，1988 年。

3. 城戶康成，《日據時期臺灣鴉片問題之探討》東海大學歷史學研究所，
   1992 年。

四、中文參考書

1. 劉明修著，李明峻譯，《臺灣統治與鴉片問題》，前衛出版社，2008 年。

2. 程大學編，《日據初期之鴉片政策》第一、二冊，臺灣省文獻委員會，1978
   年。

3. 增田涉著，由其民、周啟乾譯，《西學東漸與中日文化交流》，天津社會
   科學院出版社，1993 年。

4. 安岡昭男著，林和生、李心純譯，《日本近代史》，中國社會科學出版社，
   1996 年。

5. 黃昭堂：《臺灣總督府》，自由時代出版社，1889 年。

6. 李毓澍主編，《中日和約紀略》，臺灣大能書局。

7. 司馬嘯青，《臺灣日本總督》，玉山社，2005 年。

8. 郭譽孚著，《自惕的主體的臺灣史》，汗漫書屋籌備處，1998 年 12 月。

9. 鄭森松主編，《竹東鎮志·歷史篇·歷代名人列傳》，竹東鎮公所，2005
   年。

10. 周憲文，《清代臺灣經濟史》（臺灣研究叢刊第四五種），臺灣銀行，1957
    年。

11. 朱壽朋，《光緒朝東華錄》（第五冊），中華書局，1984。

12. 於恩德，《中國禁煙法令變遷史》，臺灣文海出版社，1973 年。

13. 葉榮鐘著，《日據下臺灣政治社會運動史》（上、下），晨星出版，2000 年。

14. 《杜聰明言論集》第二集，杜聰明博士還曆紀念獎學基金管理委員會，
    1955 年。

15. 杜聰明著，《回憶錄》，龍文出版社，1989 年。

16. 《蔣渭水全集》，海峽學術出版社，2005 年。

17. 王景岐博士著，《國際麻醉毒品貿易》，比（北）京海外拒毒後援會刊行，
    無出版日。

五、期刊文章

1. （日）山田豪一，《臺灣阿片專売史序說》，《社會科學研究》第 38 卷第 1 號，早稻田大學亞細亞太平洋研究中心，1992 年 8 月 31 日，第 35 頁。

2. （日）山田豪一，《臺湾阿片專売一年目の成績》，《社會科學研究》第 42 卷第 1 号，早稻田大學社旗科學研究所，1996 年 7 月 30 日，第 142 頁。

3. （日）山田豪一，《臺湾阿片專売制の展開過程》，《社會科學研究》第 44 卷第一号，早稻田大學アジア太平洋センタ，1898 年 9 月 30 日，第 1 頁。

4. 王世慶，《日據初期臺灣之降筆會與戒煙運動》，《臺灣文獻》第三十七卷第四期。

5. 鍾淑敏，《殖民地官僚試論——以池田幸甚為例》，《臺灣學研究》第 10 期，2001 年 12 月。

6. 鍾淑敏，《臺灣總督府的對岸政策與鴉片問題》，臺灣省文獻委員會整理組編，《臺灣文獻史料整理研究學術研討會論文集》，臺灣省文獻委員會，2001 年。

7. 汪敬虞，《談斯諾的五篇臺灣通訊》，《臺灣研究集刊》，廈門大學臺灣研究院，1988 年第 1 期。

8. 黃榮洛，《橡棋林頭人》，《新竹文獻》第 1 期，新竹縣文化局，2000 年。

9. 《魁斗星君‧戒煙賦》，彭殿華，《現報新新》，新竹苕林明復堂，1899 年。

附錄　杜聰明年表

1893　8 月 25 日出生於滬尾北新莊百力戞。

1901　入淡水北新莊車埕書房啟蒙,老師為長兄杜生財。

1909　第一名畢業於滬尾公學校,獲臺北廳長優等賞。以高分考取臺灣
　　　總督府醫學校,因體檢丙下,險被拒入學。

1911　與醫學校同學翁俊明、蘇樵山、曾慶福、蔣渭水、等常至和尚洲
　　　(蘆洲)秘密集會,討論中國時局,並募款寄往中國,作為革命
　　　經費。和蔣渭水等人在公園口設一店鋪「東瀛商會」,販賣文具、
　　　圖書、雜貨。

1913　與翁俊明攜帶細菌赴北京,圖毒害袁世凱,但徒勞無功。

1914　以第一名畢業於醫學校,任臺灣總督府研究所雇員,研究細菌學。

1915　赴日本京都帝國大學醫科大學,研究內科學。

1920　受聘總督府醫學校講師。

1921　任醫學校助教授兼總督府中央研究所技師,敘高等官七等。

1922　4 月 1 日升任醫學院教授。5 月 20 日,與林雙隨結婚。12 月 16 日
　　　京都帝國大學授醫學博士學位。

1925　12 月受命為臺灣總督府在外研究員,派遣往美、加、英、德、義
　　　六國進修。

1929　升敘高等官四等。4 月受臺灣總督府專賣局囑託,研究鴉片煙膏及
　　　鴉片副產物之性質及反應等實驗研究。6 月前往朝鮮、滿州東北
　　　及上海調查毒癮除癮問題。8 月向臺灣總督府提出「鴉片癮者矯
　　　正治療醫院設置建議書。」年底,任總督府警務局囑託,領導從

事鴉片癮矯正治療。

1930　1月15日,「臺灣總督府臺北更生院」成立,出任醫局長。糾合施江南、朱江淮、王超英、楊慶豐等留日研習理工、醫科人員成立「臺灣理工學會」。

1937　2月6日,受任為臺北帝國大學教授,擔任藥理學講座。7月1日升敘高等官二等。8月,因對鴉片癮及慢性 Morphine 類慢性中毒之統計及實驗研究,獲日本學術協會賞。9月敘五等瑞寶勳章。

1944　出版「藥理學概要」。8月15日往上海主持愛女淑純與林衡道結婚典禮。

1945　4月1日,受命臺灣總督府評議會員。11月被派令臺灣省戒煙所所長。12月,被聘為臺大醫學院院長;兼附屬醫院主任及熱帶醫學研究所所長。

1946　2月9日被推選為臺灣醫學會會長。4月當選為臺灣省科學振興會理事長。7月當選臺灣醫學會會長。9月6日當選為國民參政會會員。

1947　3月1日,任「二二八事件處理委員會」委員。4月,擔任臺灣省政府委員。

1948　12月7日受託為國立臺灣大學代理校長至次年1月19日止。

1953　7月31日卸任臺灣大學醫學院院長職務。

1954　卸省府職務;7月創辦私立高雄醫學院,擔任該校院長。

1967　教育部派遣出國,考察日本及歐美醫學教育。3月30日被推舉為第六屆亞細亞及大洋洲醫學師會連合總會會長。「杜聰明獎學金委員會」成立。

1968　妻林雙隨逝。12月15日,日本天皇贈二等瑞寶勳章。

1972　著「杜思牧家言」、「杜聰明言論集」第三集出版。

1973　8月,「回憶錄」出版,由杜聰明博士獎學基金管理委員會出版。

1977　8月出版「杜聰明言論集」第四集。

1983　「杜聰明言論集」第五集出版。

1986　2月25日去世,享年93歲。